中华古村落

福建卷

顾问 陈志华
主编 李秋香 李玉祥
戴志坚 著

江蘇鳳凰教育出版社
Phoenix Education Publishing, Ltd

顾　问

陈志华

主　编

李秋香

李玉祥

编　委（按照姓氏笔画排序）

王瑞书

李玉祥

李秋香

吴　宁

吴正光

陆　琦

陈志华

周　晨

顾华明

戴志坚

主摄影

李玉祥

总序

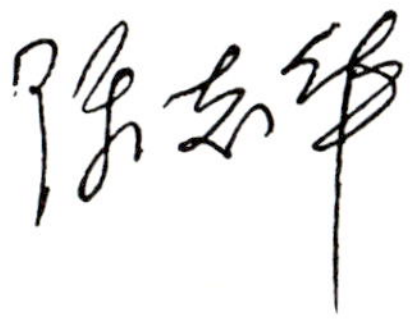

中国有着非常漫长的自然农业历史，传统的中华文明，基本上是农业文明。农业文明的基础是乡村的社会生活。在广阔的乡土社会里，以农民为主，加上小手工业者、小商贩、在乡知识分子和少数退休还乡的官吏，一起创造了像海洋般深厚瑰丽的乡土文化。比起庙堂文化、士大夫文化和市井文化来，乡土文化是绝大多数人创造的文化，为绝大多数人服务。乡土文化依赖于土地，是一种地域性文化，它不像庙堂文化、士大夫文化和市井文化那样有强烈的趋同性，它千变万化，更丰富多彩，是中华民族文化遗产中还没有被充分开发的宝藏。没有乡土文化的中国文化史是残缺不全的，不研究乡土文化就不能真正了解我们这个民族。

乡土建筑是乡土生活的舞台和物质环境，它是乡土文化最普遍存在的、信息含量最大的组成部分。它的综合度最高，紧密联系着许多其他乡土文化要素，甚或是它们的重要载体。不研究乡土建筑就不能完整地认识乡土文化，甚至可以说，乡土建筑研究是乡土文化系统研究的基础。

乡土建筑当然也是中国传统建筑最朴实、最率真、最生活化、最富有人情味的一部分，不仅有很高的历史文化价值，对建筑工作者来说，还可能有一些直接的借鉴价值。没有乡土建筑的中国建筑史是残缺不全的。

有一个漫长的历史时期，中国的经济、文化中心在农村。农村里建筑品类之多样胜过一般的城市，连书院、藏书楼、寺庙也大多在农村，更不必提路亭、磨坊、水碓、畜舍之类的了。雕梁画栋、琐窗朱户也并不次于城里。但是，乡土建筑优秀遗产的价值还远远没有被正确而充分地认识。一个物种的灭绝是巨大的损失，一种文化的灭绝岂不是更大的损失？大熊猫、金丝猴的保护已经是全人类关注的大事，我们的乡土建筑却正在以极快的速度、极大的规模被破坏着，我们正无可奈何地失去它们。

我们无力回天，但我们决心用全部的精力立即抢救性地做些乡土建筑的研究工作。

我们的乡土建筑研究从聚落下手。这是因为，绝大多数的乡民生活在特定的封建宗法制的社区中，所以，乡土建筑的基本存在方式是形成聚落。作为与乡民们社会生活的各个侧面相对应的物质条件，聚落中的乡土建筑包含着许多种类，有居住建筑，有礼制建筑，有寺庙建筑，有商业建筑，有公益建筑，也有文教建筑，等等。当然更有农业、手工业所必须的建筑，例如磨坊、水碓、染房、畜舍、粮仓之类。几乎每一类建筑都构成一个或大或小的系统。例如宗庙，有总祠、房祠、支祠、香火堂和祖屋；例如文教建筑，有家塾、义塾、书院、文昌（奎星）阁、文峰塔、进士牌楼、功名桅杆、戏台；生产性建筑则有陶瓷窑、抄纸作坊、竹木店、染坊、铁匠铺、油榨坊等等。这些建筑系统在聚落中形成一个有机的大系统，这个大系统规定着聚落的结构，使它成为功能完备的整体，满足一定社会历史条件下乡民们物质的和精神的生活需求，以及社会的制度性需求。打个比方，聚落好像物质的分子，分子是具备了某种物质的全部性质的最小的单元，聚落就是社会的这种最小单元。我们以完整的聚落作为研究乡土建筑的对象。这个研究目标本身规定了研究的基本方法，即以田野调查为主，结合文献考查。

乡土生活赋予乡土建筑丰富的文化内涵，我们力求把乡土建筑与乡土生活联系起来研究，因此便是把乡土建筑当作乡土文化的基本部分来研究。聚落的建筑大系统是一个有机整体，我们力求把研究的重点放在聚落的整体上，放在各种建筑与整体的关系及它们之间的相互关系上，放在聚落整体及它们的各个部分与自然环境和历史环境的关系上。乡土文化不是孤立的，它参与形成庙堂文化、士大夫文化、市井文化的共同基础，和它们都有千丝万缕的关系。乡土生活不是完全封闭的，它与一个历史时代整个社会的各个生活领域也有千丝万缕的关系。我们力求在这些关系中研究乡土建筑。例如，明代初年“九边”的乡土建筑随军事形势的张弛而变化，明代末年江南和晋中的乡土建筑随着商品经济的发展而有很大的变化等等。聚落是在比较长的时期里定型的，这个发展过程蕴含着丰富的历史文化内容，我们也希望有足够的资料可以让我们对聚落做动态的研究。总之，我们的研究方法综合了建筑学的、历史学的、民俗学的、社会学的、文化人类学的各种方法。方法的综合性是由乡土社会和建筑固有的复杂性与外部联系的多方位性决定的。

因为我们的研究是抢救性的，所以我们不选已经名闻天下的聚落作为研究课题，而去发掘一些默默无闻但很有历史价值的聚落。这样的选题很难：聚落要发育得成熟一些，建筑类型比较完全，建筑质量好，有家谱、碑铭之类的文献资料。当然聚落最好还保存得相当完整，老的没有太大的损坏，新的又没有太多的增加。从系列化的研究来说，更希望聚落在各个层次上都有类型性的变化：有纯农业村，有手工业村，有从农业向商业、手工业转化的村；有窑洞村，有雕梁画栋的村；有山头村，有河边村；有马头墙参差的，也有吊脚楼错落的；还有不同地区不同民族的，等等。这样才能一步步接近中国乡土建筑的全貌，虽然这个路程非常漫长。选题的时候，要区分各个层次上的类别和性质，我们使用了细致的比较法，就是要找出各个聚落的特征性因子，这些因子相互之间要有可比性，要在聚落内部有特殊性，要在类型之间或类型内部有普遍性。我们不仅尽可能选取不同的角度和重点，还力求写出每个聚落的特殊性，而不是去把它纳入一般化的模子里。只有写出每个题材的特殊性，才能多少写出一点点中国乡土建筑的丰富性和多样性。所以，挖掘题材的特殊性，是我们着手研究的切入点，必须下比较大的工夫。类型性和个体性的挖掘，也都要靠细致运用比较的方法。

虽然我们只能从汪洋大海中取得一勺水，这勺水毕竟带着海洋的全部滋味。希望我们的书能够引起读者们对乡土建筑的兴趣，有更多的人乐于来研究它们，进而能有选择地保护其中最有价值的一部分，使它们免被彻底毁灭。

2013年夏日

目录

概述

一、福建古村落的历史背景与自然环境

1. 福建的历史发展

福建简称“闽”，地处我国东南沿海，北邻浙江省，西接江西省，南连广东省，东与台湾省隔海相望。2016年年末常住人口3874万，以汉族为主，畲族、回族、满族、蒙古族、高山族、苗族、壮族等少数民族约占全省人口的2.16%。

至少在18万年以前，古人类已经在福建境内繁衍生息。距今3000年前后，福建先民在长期的劳动生息中逐步形成史籍称作“七闽”的多个部落群体。秦设闽中郡。汉高祖五年（公元前202）立闽越族首领无诸为闽越王，都东冶（今福州）。元封元年（公元前110）汉武帝灭闽越国，置东部侯官，后设冶县。三国吴时置建安郡，西晋析为建安、晋安两郡，南朝梁时从晋安郡分出南安郡。唐朝中期有福州、建州、泉州、漳州、汀州。唐开元二十一年（733）设立区域军事长官，取福州、建州各一字，称福建经略观察使，始有“福建”之称。五代十国，王氏据闽，福建一度称“闽国”。北宋设立福建路，辖福、建、泉、漳、汀、南剑六州和邵武、兴化二军，故福建有“八闽”之称。明改设福建布政使司，清改为省。清光绪十一年（1885）台湾从福建析出设立台湾省。

秦汉时期福建的开发程度还很低下，真正发展是在唐之后。历史上中原汉人曾四次大规模进入福建。第一次是西晋末年北方八姓为避战乱而南逃入闽，第二次是唐初陈元光开发漳州，第三次是唐末五代王审知治闽，第四次是北宋南迁。此外，从永嘉之乱前至明清，都有中原人士陆续入闽定居。北方汉人大规模入闽定居,带来了大批劳动力与先进的生产技术，也带来了中原的先进文化，对福建经济文化发展起了巨大作用。

作为中华文明的一方沃土，福建在历史长河中积淀了丰富灿烂的文化。福建古村落从不同侧面反映了福建不同历史发展阶段的政治、经济、文化和社会生活状况。

2. 福建的自然地理环境

福建全省土地面积12.4万平方千米，海拔200米以上的山地丘陵占80%以上，素有“东南山国”和“八山一水一分田”之称。

福建的地势自西北向东南下降，形成以武夷山脉为主的闽西大山带和鹫峰山、戴云山、博平岭等山脉组成的闽中大山带。武夷山脉位于福建西部与江西交界处，绵延达530千米。浙江西南部的仙霞岭与武夷山衔接，其支脉向东南伸入浦

⊙汀江

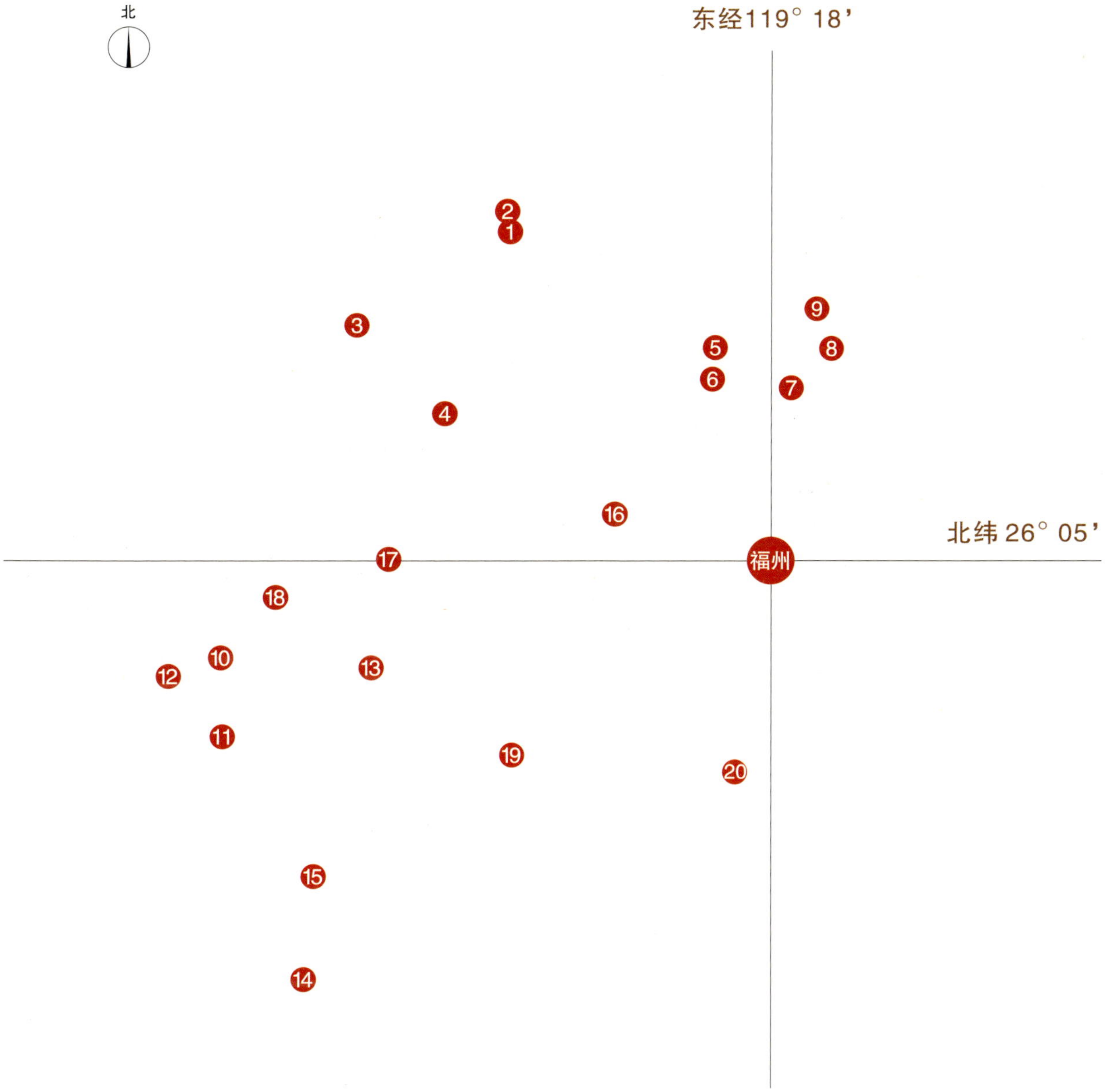

本书所收录福建省古村落分布示意图

① 南平市武夷山市兴田镇城村
② 南平市武夷山市武夷街道下梅村
③ 南平市邵武市和平镇
④ 南平市顺昌县元坑镇
⑤ 宁德市屏南县双溪镇
⑥ 宁德市屏南县棠口镇漈头村
⑦ 宁德市蕉城区霍童镇
⑧ 宁德市福安市溪潭镇廉村
⑨ 宁德市福安市社口镇坦洋村
⑩ 龙岩市连城县宣和乡培田村
⑪ 龙岩市连城县庙前镇芷溪村
⑫ 龙岩市长汀县三洲镇三洲村
⑬ 龙岩市漳平市双洋镇
⑭ 漳州市平和县九峰镇
⑮ 漳州市南靖县梅林镇
⑯ 三明市尤溪县洋中镇桂峰村
⑰ 三明市永安市贡川镇
⑱ 三明市清流县赖坊镇赖坊村
⑲ 泉州市安溪县湖头镇
⑳ 莆田市湄洲湾北岸经济开发区管委会山亭镇港里村

⊙武夷山脉

城一带。在武夷山和仙霞岭支脉中，有许多垭口以“关”“隘”“口”命名，是闽赣间和闽浙间的交通孔道和军事要冲，也是北方汉民移居福建的必经之路。鹫峰山—戴云山—博平岭斜贯福建中部，长约550千米。在两列山脉之间是一条长廊形谷地，北起浦城县和松溪县，南至永安市，延伸约240千米。丘陵、平原主要分布在东部沿海地区。

福建境内溪流纵横交错，沿岸谷地和盆地交错分布，较大的河流有闽江、九龙江、汀江、晋江、敖江、交溪、木兰溪、霍童溪等。这些水系多自成系统，除交溪发源于浙江入海于福建，汀江发源于福建入海于广东外，绝大部分河流都发源于福建并在本省入海。在这些河口多形成平原地貌，著名的有漳州平原、泉州平原、莆仙平原和福州平原。

福建东濒东海，有三分之一的县、市位于沿海或成为岛屿区。海岸线漫长曲折，多深水良港，极有利于发展海洋渔业、海洋运输业和对外贸易。福州的马尾港、泉州的后渚港、漳州的月港以及厦门港是四大古港。人多地少的现实和海上交通的便利，也促使闽人出海谋生，向日本、朝鲜及东南亚诸国发展。现福建旅外侨胞超过一千多万人，是中国著名侨乡。福建与台湾一水相隔，祖籍福建的约占台湾全岛汉族人口的80%以上，其中闽南人占绝大多数。

福建的大部分地区属亚热带海洋性季风气候，日照时间长，雨量充沛，冬季较少出现严寒和破坏性低温。为了遮阳、通风、排水、防潮，传统建筑通常采用大进深、深出檐、广设外廊、双坡屋顶、设石柱础等做法。福建每年在夏秋之季常有台风侵袭。因此沿海地区民居在迎风面多

⊙福建沿海民居以石头压顶

建单层，屋面不做出檐，瓦上用石头压牢或用筒瓦压顶。

众多的山脉、交错的河流、大小的港湾、富饶的平原和温和的四季，为丰富多样的福建古村落的形成提供了良好的条件。

二、福建各区建筑文化

1. 闽南区——海洋文化

闽南区包括今泉州市、漳州市、厦门市以及龙岩市的新罗、漳平，三明市的大田一带。闽南最早的移民来自三国时期，唐代已有大量移民进入，但真正发展是在宋元时代。人多地少，促使闽南人从海上向外发展谋生，渔业、盐业、养殖业和海上贸易蓬勃发展。海上交通的发展促进了中外文化的交流，使闽南建筑刻上海洋文化的痕迹。闽南一带大量的中西合璧建筑，便证实了海洋文化的深层影响。

闽南建筑的平面格局大多以“三合天井”型或“四合中庭”型为核心，向纵、横或纵横结合发展起来，在城镇人口密集地区还演变出“竹筒屋”形式。出于防卫的需要，乡村修建了土楼、土堡。闽南建筑以红砖墙体、石砌墙裙、红瓦屋面居多。沿海的石构建筑完全用花岗岩建造。泉州“出砖入石”（利用碎砖与石头有规则混砌）的墙面独具特色。惠安石雕闻名全国，精美异常。传统建筑中精巧的砖雕、木雕、泥塑、嵌瓷和曲线燕尾脊的屋面形式也很有特色。

2. 莆仙区——科举文化

莆仙区包括莆田市及所辖仙游县。北方汉民从魏晋南北朝至唐末五代陆续迁入莆仙平原，北宋年间聚族而居的局面已基本形成。莆仙地区科举文化发达，历代世家名宦辈出，人才济济。出外之后能衣锦还乡、光宗耀祖是莆仙人的追求。体现在建筑外墙的“满装饰”，具有明显的炫耀性。

⊙泉州民居的“出砖入石”

莆仙建筑处于闽南建筑与闽东建筑的交叉点，既保持了泉州建筑注重外部装饰的优点，又带有福州官家大宅的气派和威严。深宅大院多是纵向多进式合院布局；山区民居多为横向布局，浅进深，宽开间。建筑外立面竭力追求气派，细部过分堆砌，铺满墙面的装饰使得建筑外观极其花哨。外墙面采用“砖石间砌”（在勒角或窗台以上的红砖墙上交错地砌上小块花岗石）和“红壁瓦钉”（用专门烧制的红壁瓦钉在土墙或木构架上）的处理手法，既装饰墙面，又保护了墙体。

3. 闽东区——江城文化

闽东区包括福州市、宁德市所属县市。福州平原是北方汉民入闽后最先定居的地点之一，中原文化传入的历史相对比福建其他地区更为悠久。地处全省政治、文化、经济中心，闽江口一带的人受到民族文化熏陶较深，见识政治风云的机会也较多，涌现出不少政治家、军事家和文学家。

⊙泉州泉港区后龙镇土坑村的民居

⊙福安民居

闽东建筑具有鲜明的江城文化特色。纵向组合的多天井式布局是福州民居常见的布局形式，多变的风火山墙是闽东建筑最为突出的外部特征。或圆或方的山墙配上精美的墀头、细长的木悬鱼，外观优美。在内部装修上，雕刻生动，构图活泼，变化丰富。在墙体材料上，福州民居的外围护墙体采用“城市瓦砾土”（瓦砾土四份、黏土三份、灰两份掺水搅拌后，分层夯筑而成），福清民居外围护墙体采用“灰包土”夯筑墙（模板两侧黏贴1.5厘米厚的灰砂料，中间填充一般黏土料），可谓匠心独具。

4. 闽北区——书院文化

闽北区包括南平市所属县市。闽北是福建开发最早的地区，从陆路进入福建的汉人最迟在东汉末年已越过仙霞岭、武夷山，在闽江上游的建溪、富屯溪、金溪流域设县。两宋时期闽北经济繁荣，文化发达，书院如林，学者如云。朱熹在闽北讲学数十年，门徒众多，使闽北成为理学中心。

闽北东片建筑以南平为中心，形式丰富多彩。闽北西片建筑以武夷山为中心，书院文化发达，大型多进合院式民居中常设有书院或读书厅。山区的民居多为两层的“高脚厝”干栏式建筑，达官贵人则盖“三进九栋”式的青砖大瓦房。规划水平甚高的村落布局，错落有致的马头墙，雄伟壮观的门楼，工艺精湛的砖雕，体现了闽北村落深厚的文化底蕴。

⊙南平峡阳土库民居

5. 闽中区——山林文化

闽中区包括三明市、永安市、沙县。闽中是福建开发最晚的地区，闽中移民大部分是闽北移民的分支。这里青山长绿、植被多样，宜于农耕，但由于谷地狭窄，水陆交通不够畅通，与外地交往较为困难。特殊的环境使闽中区逐步形成独处山区、自成一体的现象。体现在建筑风格上，有着外观纯朴、不求奢华、讲求实用的山林文化气质。

⊙永安安贞堡

闽中区地处福建腹地，各种文化成分混合交融。加上众多的外地移民带来了各自原住处的建筑文化，因此闽中建筑呈现出多元现象。传统民居有“一明两暗”“三合天井”“土堡围屋”和“连排屋”等类型。“土堡围屋”由四周极其厚实的夯石生土砌筑的“城堡”环绕着中心合院式民居组合而成。这种集军事防御与民居于一体的建筑大多分布在福建中部地区。闽中土堡与客家土楼有些相似，两者最主要的区别在于，土楼的夯土墙与穿斗式木构架共同承重，而土堡的堡墙不作为建筑的受力体，木结构体系独立存在。

6. 客家民居——移垦文化

福建的客家人主要居住在宁化、清流、上杭、长汀、永定、连城、武平七个纯客住县和区建宁、明溪、南靖、平和、诏安等非纯客住县，均位于闽、粤、赣交界地区。客家人也是南迁的中原汉人，经过几代人的艰苦跋涉，定居在这块土地上。“逢山必有客，无客不住山”是客家移垦文化的写照。在饱尝颠沛流离的痛苦之后，客家人更加增强宗族观念，聚族而居、尊祖敬宗显得十分突出。

客家民居最具有神秘色彩和引以为豪的是土楼。客家土楼与闽南土楼虽然同被学术界称为“福建土楼”，在外观造型上相似，但在平面布局等方面有所不同。闽南土楼多采用单元式布局，以满足家庭私密性的需要；客家土楼则采用内通廊式布局，以更好地适应聚族而居的要求。在闽西客家聚居区有一种称为“九厅十八井”的合院式建筑，其建筑规模宏大，同样适应了客家人聚族而居的需求。

连城培田民居“官厅”

三、福建古村落选址布局

传统村镇聚落的选址主要考虑的是小农经济下的农业生产与生活。福建境内多山多水，山脉和水系对村落选址布局的影响往往起决定作用。由于地理条件的制约，各村落对山、水的追求有所不同，从而出现了各具特色的选址布局。

1. 山地聚落

福建境内丘陵起伏，山岭耸峙，许多村落便坐落在阳面山坡上，或居于避风向阳的山坳中。

如尤溪县洋中镇桂峰村位于群山丛中，只在西北面有一个出口。村落的建筑以蔡氏祖庙与宗祠为中心，沿等高线呈内凹的弯曲形式布局，由山麓一直延伸至山腰，形成半圆形内敛的空间。

又如，福鼎市管阳镇西昆村位于太姥山西麓，坐落在群山环抱的山间坑谷中。各自然村的民居依山就势而建，或分布于山麓，或坐落于田

尤溪桂峰民居

福鼎西昆孔氏宗祠

间，或点缀于山地之中，高低错落有致。

2. 山环水依的聚落

有山有水、依山傍水历来是人们乐于选择的居住环境。这样既可以以山为屏障抵御冬天冷空气的入侵，又可以利用水流以便饮用、灌溉、洗涤和交通，宜耕宜居宜行。根据村落与山水的亲疏关系，大致有以下几种情况：

（1）临水而建

这样的村落位于群山环抱的盆地之中，一般选择临水而建，与山保持一定的距离，中隔田畴。根据具体的地理环境，有的在水的一侧沿水

屏南漈头村

光泽崇仁村

岸展开布局，有的在水的两侧同时建房。对于以水为轴的村落而言，建筑与水的关系主要有街道面水和前街后河两种。

第一种布局，村落的街道临水，建筑因地形的变化而高低错落，道路因河流的变化而蜿蜒曲折。如屏南县棠口镇漈头村是沿鲤鱼溪两岸发展起来的，南北两条街面水而建，有数座小桥横跨溪上，还有伸入水中的踏步供人们汲水和洗涤，形成水——街——建筑的布局方式。

第二种布局，村落的街道不直接临水，建筑的背面临水，形成前街后河的形式。如福安市社口镇坦洋村沿坦洋溪的两岸形成繁华的商业街，街市背水而建，两街之间以三座桥相连，形成水——建筑——街的布局方式。光泽县崇仁乡崇仁村则是沿北溪一侧呈带状展开布局，民居背水而建，也是水——建筑——街的布局方式。随着人口的增加，村落的空间逐渐往西侧腹地延伸。

（2）背山面水

这种村落一般位于山麓坡度较缓的地方，或是山水之间的开阔地上。村落一侧临水，一侧沿山麓向纵深方向延伸，形成山环水抱的格局。

如清流县赖坊乡赖坊村以高大的后垄山为靠，南北两侧有连绵起伏、山势较低的护龙，文昌溪从村庄西侧蜿蜒流过，溪流前方远处还有一些不高的小山包，形成背山面水、负阴抱阳的地理环境。村落坐东向西，建筑基本上是沿溪展开布局，向纵深腹地推进，直达山麓。

也有一些村落位于河、溪转折之处，只能部分临水，村落的一部分建筑靠近水岸，另一部分则往腹地发展。如三明市三元区岩前镇忠山村四面环山，沙溪支流大溪与仁溪合流后自西北而东南流出村外。村落背山依水，以龙椎街为主要街道展开布局，周边围以农田。

（3）渔村聚落

为了减小风浪或潮汐涨落的影响，渔民聚居的村落多选择在河汊或海湾处，总体布局随海（河）岸的变化而曲折蜿蜒，建筑的朝向以面海为主。一般在临水一面留出一片滩地，既可作为防止潮涨时被淹的缓冲地带，又可用于晒网或补

清流赖坊村

⊙莆田山亭港里村民居

织渔网。

莆田市山亭镇港里村是典型的丘陵海边渔村。村落坐落在黄螺山上，环山面海，南面与湄洲岛隔海相望，青山如黛，海景壮观。民居先是分布在贤良港天然澳口方便渔船往返处，以后逐渐往山坡上发展，多集中在海拔20-100米之间，布局依山就势，自由灵活。

四、福建古村落空间布局形式

村落在形成和发展过程中往往受到宗法礼制、宗教信仰、防御意识、商品经济、风水观念等影响，因而空间布局形式有一定的规律。这些因素的影响往往是交错进行的，一个村落可能呈现出综合性的特点。

1. 以祠堂为中心布局

福建是家族制度最为强盛的省份，血缘成为维系乡土社会的重要纽带。一般的家族不但有一族合祀的族祠、宗祠，而且各支、各房往往有各自的支祠、房祠。村落布局首先强调的是宗祠的位置。宗祠大多位于村落的核心地带，也有的建在村落的最高处，或道路交通的枢纽地位。民居环绕着宗祠建造，形成以分祠拱卫总祠，以民居拱卫祠堂的布局特点。

如连城县庙前镇芷溪村有黄、杨、邱、华等姓聚居，祠堂多达74座。黄姓在茶山口、杨姓在背园这两处地势较高的地方奠定了祖祠的基址，并以此为基点，向地势较平坦的地方发展。民居的分布表现出以各姓各房分祠为中心，相对集中布局的血缘聚居的特色。以杨辉公祠、峻亭公祠为中心的周边地段是杨姓聚居地，黄姓则以文臣公祠、文清公祠、澄川公祠为中心聚居处。

这种以宗族血缘为中心的村落布局形式在

⊙连城芷溪村澄川公祠

福建极为普遍，少数民族的聚落也表现出这一特点。霞浦县溪南镇半月里是一个畲族村，保留了单一同姓近亲聚居开发的传统。雷姓族人将宗祠建在山坡的高处，以后民居逐渐往山下发展，并在清乾隆、嘉庆年间围起堡墙，界定了以血缘为中心的村落内外空间界限。

2. 以宗教建筑为纽带布局

从古到今，佛教、道教在福建长盛不衰。福建人的宗教信仰表现出多元化的特点，儒、释、道共存，民间信仰更是盛行。福建民间信仰的神祇多达百个，最著名的是妈祖林默、临水夫人陈靖姑和保生大帝吴夲，至今在民间仍有广泛影响。妈祖庙、天后宫在福建宫观建筑中数量最多。在村落设置宫庙既能满足乡土社会保境安民、福荫土地的心理，往往也成为村落最重要的公共空间。宗教建筑或位于村落的四界，或位于村头、村尾，或处于各个组团的中心，成为村落布局的重要纽带。

宁德市蕉城区霍童镇的布局表现出浓郁的宗教精神。被奉为道教“三十六小洞天”之首的霍童山与佛教“天下第一山”的支提山均在霍童境内，受其潜移默化的影响，霍童人崇佛信道自不

⊙福建莆田妈祖——“林默”像

在话下。霍童镇的入口由文昌阁、武圣庙、华阳宫和功德坊组成。镇内分为万全境、华阳境、忠义境和宏街境，四境以各自的宫庙万全宫、华阳宫、忠义宫和宏街宫为中心展开布局，共供奉陈靖姑、黄鞠、五显大帝等7位神明。另外还在桥边路口供三官大帝，大树、大石下供齐天大圣，村头、村尾供土地公等，真是“人在神中，神在人中”。

屏南县漈头村宫庙的选址很有讲究。慈音寺、观音堂与临水殿建在漈头村头一千米处，成为漈头上村与漈头下村的空间界限。在鲤鱼溪流出村外的转折处，水北建土主庙，水南建观音

宁德霍童村口亭与文昌阁

亭，共同组成优美的水口景观。供奉齐天大圣的猴王庙建在村内最热闹的凉亭上，成为这一建筑组团的中心。

有些村落的神灵空间并不以庙宇的形式体现，如在村口、村尾的廊桥中，大部分设有神龛、佛座，供奉神佛。

3. 内向封闭的布局

福建历史上不断受到战乱、盗匪、倭寇以及宗族械斗的威胁，防御成为聚落布局要考虑的重点。内向封闭的布局主要指的就是聚落的安全防御特征。安全防御最重要的举措是在聚落的外围筑城建堡，形成坚固的防御工事。福建传统聚落中的城、堡，既有居一方政治、经济、文化中心的县城，也有作为军事要塞的卫城、所城、巡检司城，还有聚族而居的私家寨、堡。

卫城、所城、巡检司城、水寨城等城址依山临海，地势险要。城墙一般以条石叠砌，设拱形城门，有的还加筑月城。城内官衙、民宅、兵营、庙宇和演武场等设施一应俱全。

惠安县崇武镇的崇武城系明洪武年间始建的千户所城，位于崇武半岛东端海滨，左扼湄洲湾，南控泉州港，面对台湾海峡，是东南海疆的军事要塞。所城占地面积约37万平方米，设4个城门并建门楼，东、西、北三门各有城门2道，加筑月城，南城门外筑照墙为屏蔽。现存城墙周长2567米。

晋江市金井镇福全村北接深沪港，南连围头湾，与金门岛隔海相望。福全所城占地面积302602平方米，开4个城门，其上建城楼，并筑东、西、北3个月城和4门敌楼。现存夯土城基

⊙惠安崇武古城

⊙惠安崇武古城内景

晋江福全村石塔

遗址长约2000米。

连江县筱埕镇定海村位于闽江口黄岐半岛南侧，与妈祖列岛隔海相望。定海所城设易守难攻的三重城门，周长约2764米。现存长500米的石砌城墙，西面瓮城尚完整。

福建民间建的寨、堡、城，各地尚存颇多。或用鹅卵石、毛石垒砌，或用三合土夯筑，或兼而有之，建无定式。

4. 以街市为中心布局

这种村落一般处于交通要津，商贸较为发达。集市为人们的交换活动提供了固定的时间、地点。

如武夷山市武夷街道下梅村因当溪与梅溪便利的水上交通条件，在清乾隆、嘉庆时期成为武夷山地区茶叶交易的集散地。当溪两岸是茶叶交易的主要市场，又逐渐发展成为功能多样的商业街市。民居以当溪两岸的街市为中心，向南北两个方向的腹地纵深发展，里弄纵横，巷道曲折。

又如，南平市延平区南山镇大坝村地处水陆要冲，商贾聚集，商贸发达。村落沿吉溪南岸呈长条布局，逐渐形成一条曲折的千米古街，两边商铺、民居林立。随着人口的增加，民居向南、北纵深发展，村落范围逐渐扩大。

5. 风水影响下的聚落布局

风水是中国独特的文化现象。以风水理论为指导，村落在选址、布局时往往要按照觅龙、察砂、观水、点穴等方法来确定。此外，水口的处理、建筑的方位朝向等也受到风水的影响。

福安市溪潭镇廉村是一个经过精心规划的村落。廉村选择坐酉（西）朝卯（东）的最佳朝向，以绵延起伏的灵岩山为祖山，鹦哥山为案山，南北两侧隆起的大小山丘为左右护龙。廉溪起西北归东南，村落位于河曲之内。因为某些格局不太完善，又采取一系列补救措施：掘凤池、上池、下池以“荫地脉，养真气”；以龟石和古

武夷山下梅村

⊙福安廉村古码头

榕锁水口，并在水口处建造文峰塔以“聚财源，利文运”，建妈祖庙以保佑本地兴隆安定；在靠廉溪一侧密植一条风水林带，以挡风聚气。其选址和布局符合风水讲究的原则，即后有靠山，前有流水，侧有护山，远有秀峰，住基宽坦，水口紧锁。

在风水说盛行的古代，人们认为流水会带走财气，因此必须紧锁水口。水口营建得当，能永保村落及家族人丁兴旺，财源茂盛。处理水口的手法多种多样，可以造桥、修庙、建塔、植树、立牌坊等。久而久之，这些作为关锁的建筑便成为当地的象征和标志。

如连城县莒溪镇璧洲村的水口由永隆桥、文昌阁和天后宫组成。永隆桥建于明洪武二十年（1387），为3墩4孔木伸臂廊桥。过桥约百步是宫殿式的天后宫和五层攒尖顶的文昌阁。三座古建筑连成一体，屋顶飞檐翘角，高度错落有致，加上青山绿水的衬托，一个优美壮观的水口景观令人难忘。

有些村落在入口形成了水口园林。如周宁县浦源镇浦源村的水口位于鲤鱼溪的出口处，村口的路左侧是一座八角亭，右侧是一对“情侣树”，树下有一座鱼冢，体现了当地村民敬鱼、爱鱼的传统。再往前是圆形的池塘，池旁垂柳依依，绿树葱茏。一座石拱桥将池塘一分为二，前有“五鱼”雕塑，后有三层亭阁，一侧以回旋形的飞梯与池岸相连，另一侧以荷叶状的碇步与岸边相接。在鲤鱼溪与池塘的连接处建一座重檐歇山顶的廊桥，两侧是船形的郑氏宗祠与猴王庙，后有观音阁。整个水口空间的建筑造型丰富，形成了富有文化内涵、人鱼同乐的独特景观。

连城璧洲村水口由永隆桥、天后宫、文昌阁三位一体组成

五、福建古村落的特征

1. 开疆拓土，建设福建

据旧志载，“入闽三道，建州通浙为险道，漳州通海为间道，以邵武为隘道”。入闽的移民沿途择地定居，在八闽大地繁衍生息，开拓发展，促成了福建境内众多聚落的形成。

邵武市和平镇地处邵南要冲，镇北面殊山武阳峰的愁思岭隘道是由江西进入邵武的两条必经之道之一，中原人士多由此隘道进入福建开拓发展，故有“福建八府，殊山起祖”之说。古镇保留了旧市街等完整的古街巷和聚奎塔、黄氏大夫

周宁浦源村鱼冢

周宁浦源村村口

周宁浦源村街景

第、和平书院等一百多座明清建筑，历史文化底蕴深厚。

宁化县石壁镇是历史上由赣南进入闽西的必经要冲，自中原南迁由赣入闽的客家先民，多半选择在此居留，经历数代繁衍后，再向外拓展。近亿客家人、210个姓氏以上与石壁有渊源关系，故有“北有大槐树，南有石壁村”之说。陈塘村大禾头张宅、修齐堂，石壁村张氏家庙以及维藩桥、德润亭等传统建筑具有浓厚的地域特色。

武平县中山镇地处闽、粤、赣三省结合部，是客家民系自中原辗转南迁的中转站之一，也是闽西重要的军队驻扎地。因此，中山虽然人不逾万、户不盈千、方圆不过2平方千米，却是举国罕见的“百姓镇”，并保存被誉为“语言活化石”的“军家话”。永安桥、相公塔、武平所城址等古迹和精巧的砖雕门楼就是昔日“小京城”繁华的见证。

福州市长乐区航城街道琴江村是福建省唯一的满族聚居村。清雍正七年（1729）在琴江村设立福州三江口水师旗营，形成兵民合一的村落。水师城四周筑墙，设四个城门，内建将军行

宁化石壁村张氏家庙

⊙和平古镇上的梁山书院

辕等十二座衙署，有十二条街巷，街两旁为官兵营房，建筑划一，外人进来如置身八卦阵。民国以后水师旗营被撤销，但满族遗址及民族风情得以保留至今。

2. 灵秀山川，人杰地灵

福建秀丽的山光水色、宜居的自然环境、深厚的文化底蕴，滋润着闽地子民，养育了历史名人。许多古村落为人杰地灵之地，历代人才辈出。

武夷山市五夫镇是朱子理学的形成地，有“邹鲁渊源”之誉，也是北宋著名词人柳永和南宋著名的将领刘子羽的故乡。理学宗师朱熹在五夫生活、求学、讲学达四十多年，现镇内有兴贤古街、紫阳楼、兴贤书院、朱子社仓、刘氏家祠、五夫街街坊、连氏节孝坊等大量文化史迹。

南平市延平区南山镇凤池村的村民均系北宋理学家游酢的后裔。全村不足百户，仅明清两代

⊙武夷山五夫兴贤书院

⊙福州螺洲天后宫

⊙福州林浦泰山宫

就有举子218人，有官职者64人。最著名的是明代理学家、尚书游居敬，一家“五世宦仕”，朝廷为之立牌坊六座。现村中有游定夫祠、游定夫书院、游居敬御葬墓等史迹。

莆田市涵江区白塘镇洋尾村坐落在“一塘映月，景胜三潭”的白塘湖畔，富有江南水乡情调。洋尾的李姓先祖之一李富为南宋名将。有岳飞、文天祥、张孝祥等名人题词的《白塘洋尾李氏族谱》至今存留，李富祠（又称李制干祠）、李氏大宗祠等古建筑是外地客人到洋尾必游的景点之一。

福州市仓山区螺洲镇因有曾任清代刑部尚书的陈若霖和曾为“末代帝师”的太子太傅陈宝琛而闻名，陈氏祠堂中的横额“父子叔侄兄弟同榜进士”令人刮目相看。螺洲古迹最著名的是陈氏五楼（即陈宝琛故居，为赐书楼、还读楼、沧趣楼、北望楼、晞楼的总称），此外还有奎光阁、天后宫、孔庙等传统建筑。

福州市仓山区城门镇林浦村从宋至清出了18位进士，林翰家族在明代出了七科八进士、三代五尚书，成为古代科举史上的奇观。现林浦还保存曾作为宋端宗赵昰行宫的泰山宫、福建已很少见的林浦木牌坊、造型别致的尚书里石牌坊等多处古迹。

永泰县嵩口镇地处闽清、尤溪、德化三县要冲，昔日是闽中重要商埠。该镇月洲村是南宋著名爱国词人张元干的故乡。该村自宋至清出了48位进士（其中有2位尚书），在宋代演绎了父子六人六进士、五子同朝的盛举。现镇中保存古民居、祠堂、寨堡等明清建筑50多座。

3. 贸易活跃，文化繁荣

一般而言，历史上曾经兴盛的福建传统聚落，或是曾经作为县治、乡镇级治所；或是分布在古驿道、古渡口等水陆交通便利之处，商贸活跃；或是农耕文化传统深厚，崇文重教历史悠久。在这些古村落中，从聚落布局、民俗风情到传统建筑形式、传统建筑装饰，都有不同程度的遗存。

南平市延平区峡阳镇古为闽江上游的主

⊙永泰嵩口民居

南平峡阳民居——“土库”

要商埠、交通要道，是闽中、闽北商品货物的重要集散地和省际主要驿路之一。清乾隆十三年（1748）设分县衙署于此，筑有城墙、城楼，开有城门、码头，现遗迹尚存。街区早年分为八隅十三坊，清至民国时期有七条街，两旁有较完整的明清民居建筑群。峡阳民居俗称“土库”，为封火砖墙围合、多进院落组成的达官富豪宅第，以气势宏伟、用材硕大、结构独特、雕饰精美而著称，现存较典型的土库有大园、石坂坪、大衙、进士府、下马坪等。

浦城县水北街镇观前村是浦城主要的水运码头，曾为商贾仕宦北上中原、南下福州的必经之路。兼之此地风光秀丽，过客均在此停舟系泊，街市十分繁荣。至今明清民居建筑保存较多，长千余米的街道用卵石铺就，纵向多进式的四合院颇为气派，沿溪一带的木结构吊脚楼别有风情。主要古迹有大口窑址、云峰寺、张氏宗祠、谢翱故居（谢氏贤祠）、古码头等。

光泽县崇仁村自古以来就是南往福州，北接江西省铅山、贵溪等地的必经之路，明清时期沿溪西岸形成号称“五里长街”的古街，成为重要商埠和水运码头。崇仁的古街、古巷和祠堂、民居依然保留着明清风格。尤其是福字楼的后厅围绕天井设东、西、南、北四厅（当地称“十字厅”），其布局方法全省少见；裘氏家祠的八字牌坊式砖雕门楼，裘氏民居的砖雕、木雕装饰，皆工艺精致细腻，寓意深刻有趣。

福州市长乐区江田镇三溪村因三条溪流在此交汇，交通便捷，四通八达，成为繁华的集市场所。三溪文风极盛，高魁蝉联，从唐至清有进士74名（1名探花），南宋朱熹曾在此结舍讲学。

光泽崇仁古街

⊙长乐三溪村

⊙泉港土坑民居

村中现存朱熹、苏舜元、陈省等名人题刻的摩崖石刻，共有宋代17处、明代13处、清代3处。还留存宋代建的石梁桥、朝元观，以及潘文卿故居、潘氏宗祠等文物古迹。

泉州市泉港区后龙镇土坑村刘氏于明永乐二年（1404）迁此开基创业，至清康乾时期进入鼎盛。为官或经商者荣归故里皆建造豪宅，明清时期建有大厝四十多座。这些民居每座既是二进或三进的独立建筑，又与邻座连成整片民居群，以刘氏家庙为中心，南、北侧各四排前后平行排列。古民居不仅规模壮观，而且装饰华丽，石雕、木雕、砖雕、灰塑等各种手法并用，尤其是精湛的石雕，令人叹为观止。

龙海市东园镇埭尾村坐落在3.2千米长的岛上，四面河流环抱，水通九龙江南溪和西溪。南溪港曾是繁荣的闽南重要古港，船只可直通厦门、台湾，因此这里的村民水上运输繁忙。埭尾水上古民居群傍水而建，坐北向南有序排列。整齐划一的布局，秩序井然的街巷，风格统一的民居，是该村落最鲜明的特色，其规划布局的完整性在全省现存的传统聚落中十分罕见。

屏南县甘棠乡漈下村四面环山，双溪夹流。建筑依山沿溪构建，并围绕村庄筑起城墙、城楼，现明代的漈下古城和清末的漈下新城城墙遗迹尚存。漈下古建筑群依然保持明清时期的风貌。较典型的明代建筑有云路门（城楼）、龙漈仙宫、龙山公祠等，明末清初建筑有两度出任台湾总兵的甘国宝的故居、官厅厝等，清代建筑有迎仙桥(廊桥)、漈川桥（廊桥）、飞来庙、峙国亭（路亭）等，此外还有甘氏宗祠、炮楼、广通桥（廊桥）等历史建筑，是研究我省古建筑结构特征与历史演变的实例。

福安市溪柄镇楼下村位于柏柱洋盆地，建筑沿山麓展开，由低到高，错落有致，是闽东现存山地聚落的一个典型。村中成片成组地保留三十多座传统建筑，以民居为主，多为大型木构建筑，形制相对统一。民居以楼居为主，二楼一般全部开敞，可进行晾谷、打谷、酿酒等生产劳作，并作为谷

⊙龙海埭尾村

屏南漈下村村口

仓，其平面布局和建筑形态独具特色。古民居中精美的门窗隔扇，随处可见的楹联、匾额、灰塑作品等，有着深厚的文化底蕴。

连城县四堡镇是中国明清时期四大雕版印刷基地之一。原有书坊堂号六十余个、一百五十多处，从事印业书业者占总人口60%左右，可谓“家家无闲人，户户有书香”。四堡书坊建筑群多为四合院式土墙木构民居，中轴线上有前厅、中厅、后厅，两侧的1~3排横屋为起居室和印书作坊，周以围屋或围墙，其建筑形式和布局既便于聚族而居，又适合作为家族雕版印刷作坊。现存明清书坊建筑八十余处，较典型的有大厅厦、林兰堂、中田屋、素位堂、子仁屋等。

4. 传统建筑，独具特色

（1）福建土楼

土楼是以满足家族聚落群居和良好的防御功能需要来安排建筑的规模，采用夯土墙与穿斗式木构架共同承重的两层以上封闭式围合型大型民居建筑。这种奇特的民居建筑，主要分布在闽南、闽西南山区，尤以龙岩市永定区、南靖县、华安县、平和县、漳浦县和龙岩市新罗区最为集中。福建省现存近三千座土楼，以圆形、方形为

福安楼下村木窗隔扇

连城县四堡镇

主，还有府第式（又称五凤楼）和其他变异的形状。许多土楼依山势而建，多坐北朝南，依山傍水。它们或自成主体，或组成群落，与当地其他传统民居组合，构成大小不同的村落。村内溪水蜿蜒，山上植被茂密，土楼错落有致，与大自然融为一体，构成一幅幅神奇而又优美的画卷。

龙岩市新罗区适中镇四面环山，中部盆

连城四堡书坊

地，素为闽西南的门户。这里尚存土楼242座，大多为三层以上的方形土楼，或楼中套楼，或楼厝相通，形同城郭，蔚为壮观，以典常楼、古风楼、庆云楼最具代表性。

龙岩市永定区湖坑镇的客家土楼遍布每个村落，至今土楼仍占民居的绝大多数。在众多土楼中，以洪坑土楼群及衍香楼、振福楼、环极楼最具代表性。洪坑村地势狭长，洪坑溪贯穿全村，山峰隔溪相望。以振成楼、福裕楼、奎聚楼为代表的土楼群沿溪而建，与青山、绿水、小桥、田园构成统一、和谐的整体。

龙岩市永定区下洋镇初溪村周围群山环抱，溪水如带自东而西绕过村前。北面山势较为平缓，以集庆楼为代表的36座土楼依山就势而建。土楼群整体坐南朝北，布局合理，错落有致，其磅礴、壮观的气势令人震撼。

南靖书洋河坑村

南靖县书洋镇上坂村田螺坑自然村处于三面环山的博平岭峡谷之中。有一座方形土楼、一座椭圆形土楼和三座圆形土楼分别建在高低不同的台地上。五座土楼构成美丽动人的图案，俯瞰宛如绽放的梅花，远眺神似布达拉宫，堪称福建土楼组群的旷世杰作。

龙岩适中土楼

永定湖坑镇洪坑村福裕楼

南靖县书洋镇石桥村三面环山，一面临水，两条溪流从村里蜿蜒穿过。顺裕楼、长源楼等二十多座土楼依山傍水建造，随坡跌落，层次丰富，与四周山水交相辉映。

南靖县书洋镇塔下村坐落在“九曲十八溪”的两岸。形态各异、大小不一的13座土楼分布在溪两岸，融山景水色，如诗如画。村旁竖立着23根石旗杆的德远堂（张氏家庙），也是

洪坑村福裕楼祖屋二层

永定洪坑村振成楼

永定初溪土楼群

南靖书洋田螺坑土楼群

一道亮丽的风景。

南靖县书洋镇曲江村河坑自然村三面青山环绕，小溪潺潺自东而西穿过土楼群。20座土楼分布错落有致，像明珠一样嵌在狭长的山谷间，构成人与自然和谐共存的美景。

南靖塔下村张氏家庙前的石旗杆群

连城罗坊云龙桥

（2）廊桥

为了遮风防雨和供行人歇息，有的桥梁在桥面上加盖廊屋，称廊桥。清朝的周亮工在《闽小记》里赞美它："闽中桥梁，最为巨丽，桥上建屋，翼翼楚楚，无处不堪图画。"现存于闽东、闽北、闽西山区的古廊桥，具有鲜明的地方特色

连城四堡玉沙桥

寿宁县张坑桥

和重要的文物价值。

如果从廊桥下部的结构来区分，廊桥大致可分为四种类型：一是平梁木廊桥，或将木梁直接搭建在两岸的桥台或河中的石桥墩上，或用原木纵横相叠出挑构成伸臂，上架木梁，如连城县壁洲村的永隆桥、连城县四堡镇马屋村的玉沙桥、

曲线优美的风火山墙

大田土堡——安良堡

我国现存最长的木拱廊桥——屏南万安桥

漳平市双洋镇的化龙桥均是石墩木伸臂廊桥；二是八字撑木廊桥，用一排原木成角度斜撑在桥两端桥台和木梁之间，如屏南县漈下村的漈川桥；三是石拱廊桥，用块石砌筑桥拱，上面建木构桥屋，如永安市贡川镇集凤村的会清桥、屏南县双溪镇的南安桥、宁化县石壁村的维藩桥；四是木拱廊桥，如屏南县长桥镇长桥村的万安桥、屏南县棠口镇棠口村的千乘桥、闽侯县白沙镇联坑村的远济桥。

在各类廊桥中，木拱廊桥的结构最为特殊，是中国在世界桥梁史上的独特创造。木拱廊桥是用长原木和短横木交叉叠架成拱架，拱架上再铺木或砖或石的桥面，其建造结构原理与宋代《清明上河图》的虹桥相同，因此被桥梁专家誉为“古老概念的现代遗存”，具有“活化石的价值”。全国现存的木拱廊桥只有一百余座，主要分布在闽浙两省交界处的闽东、闽北和浙南一带，其中宁德地区就有五十多座。

千乘桥为双孔木拱廊桥，始建于南宋理宗年间，现桥为清嘉庆二十五年（1820）复建。桥长62.7米，宽4.9米，高9.7米，单孔跨度27米。桥墩用块石叠砌成船形，墩尖端雕成鸡头形状，上面压着重石，寓意镇水。用圆杉木纵横交搭成拱，上横铺木板为桥面。廊内杉木立柱102根，22开间，两侧设木条凳，檐下施挡雨板。桥中部设神龛，祀五显大帝。单檐悬山顶，中脊置风狮爷，翘角呈燕尾式。该桥横跨棠口溪，北连祥峰寺，南临八角亭，两岸风景秀丽。

上杭蛟洋文昌阁

城村

1. 历史概况

城村，又称为“古粤城村”“粤城”“崇文里”，位于武夷山市南部的崇阳溪西岸，距武夷山市区约 35千米，离武夷山风景名胜区24千米。

城村的历史可追溯到两千多年前闽越族建立的一个少数民族政权——闽越国。闽越，也作闽粤。西汉时，闽越王曾在城村营造大型城池、宫阙、府第。元封元年（公元前110），汉武帝派大军平定闽越国，宫室城池被毁，原闽越居民迁徙到江淮一带，城村因此荒芜数百年。现住民以林、李、赵三姓为主。三姓皆中原望族，因避战乱，先后于东晋、唐末、宋末辗转入闽，迁居于此。

城村是历史上中原进入福建的水路交通要冲，村北渡口古称“淮溪首济”（崇阳溪流经建阳河段古名淮溪）。宋元时期逐渐发展成为闽北崇安（今武夷山市）、建阳的重要码头，明清达到最繁盛期，成为闽北通商大埠。它连接周围百余里数十乡，商客云集，货物集散，人口稠密，有“潭北名区”“北方重镇”之誉。如今保留下来的村庄格局和文化遗存，足显当年经济之发达。

2. 村落形态

城村建在武夷山脉与崇阳溪水系交汇聚结的平衍之处，三方绕水，四面围山。村庄坐北朝南，北部低丘及西侧的后门山能有效地阻挡冬季冷空气，南部、东部冲积平原开阔，崇阳溪水滋润这里的肥沃土地，为村民的生存发展提供了良好的条件。

城村四面夯筑寨墙，南、东、北三面共有四个寨门，寨门两层结构，二层墙面开有瞭望孔。南门楼题刻“古粤”，为正门。其余三座门楼分别为：东南门“庆阳楼”、东北门“锦屏高照”和北门“粤城”。北门直通村外崇阳溪畔的码头“淮溪首济”。

城村是一个经过精心规划的古村落。村内的四条主街呈“井”字形布局，分别为大街、横街、下街和新街，街面用鹅卵石与条石铺就。大街是全村的商业中心。36条小巷分布在主街之间，纵横交错，迂回曲折。街道两旁分设排水系统，渠水由北向南、由西向东分流全村，供村民日常洗涤、冲污。村中主要街巷的交会路口多建有街亭，其中聚景楼凌驾于大街与横街交叉处，是全村的中心。聚景楼为八角形的过街楼，登楼远眺，村内外风光尽收眼底。由聚景楼向南，正对的是“慈云阁”街亭。由慈云阁往东穿过“中井头”门楼、渔家亭，即是“庆阳楼”寨门。由慈云阁向南迂回穿过华光庙（又名兴福庙）、百岁坊可到南门。由聚景楼向西以神亭作底景，转向北去到北门。由聚景楼往东经新亭可达降仙庵。城村的古建筑除了街亭、过街楼，还有祠堂、民居、宫庙、牌坊、古井、古码头等，建筑类型十分丰富。现存的建筑绝大部分是清代风格，少数保留了明代的遗构。

城村的开放空间主要在公共建筑前面。最有特色的是南门入口处的广场。这个广场南有寨门，西为民居，北为百岁坊、兴福庙、慈云阁组成的建筑群，东有赵氏家祠、戏台等建筑，是城村最大的广场。分布在人口相对集中地段的过街亭也是村民茶余饭后休憩的地方，成为亲切宜人的活动场所。

3. 古建鉴赏

（1）汉城遗址

西汉闽越国城址位于城村西南1.5千米。1958年发现并试掘，1980年开始全面勘探和重点发掘。城址依丘陵地势营建，平面近似长方形，面积达48万平方米。城墙系黄土夯筑，周长2896米，建有城门四个。城内有大型宫殿或台榭建筑群遗址，城外有庙坛、冶铁作坊、官署建筑、居住区、陶窑址、墓葬区等遗迹。该遗址是江南保存最完整的汉城遗址，也是两千多年前闽越文化的实物例证。

（2）祠堂

城村有赵、林、李三姓的宗祠，三座祠堂均建于清代。

赵氏家祠占地面积294平方米，二进三开间布局，依次为门厅、天井、大殿。殿内侧设配房，天井两侧为廊庑，天井中间有走道通殿堂的中阶，周以风火墙。建筑主体坐北朝南，但经过大埕过渡后，大门门楼却转折朝北，与兴福庙前的广场连接起来。砖雕门楼简洁大气，梁、柱、斗拱、雀替等部位的木雕精细。祠内保留了石碑、匾额、对联等文物。

林氏家祠、李氏家祠的布局与赵氏家祠大同小异。林氏家祠占地面积315平方米。砖雕门楼气派壮观，雕刻精细，造型优美。在大门前建了一座二层的骑楼，集护卫与轿厅为一体，也使建筑与街巷连成一体。李氏家祠在主体建筑一侧的偏厅为火灾后重建，门楼砖雕精美。

（3）民居

城村的民居分别以各姓祠堂为中心展开布局。村中现存明清民居四十多座。民居以二进三开间或三进三开间的布局为主，很少做侧屋。檐、廊、厅堂宽敞明亮，居室相对狭窄阴暗。内部梁柱用材较大，不施油漆，灰砖铺地，天井中摆设长条石花架。普遍有精美的砖、石、木雕，砖雕主要用于门楼。山墙一般是青砖空斗墙，或青砖与夯土分段砌筑，顶部做跌落形或凸弧形。

（4）宫庙

古城村的宫庙有兴福庙、玉皇庙、妈祖庙、降仙庵、慈云阁、关帝庙、药王庙、观音堂、镇国庙。

兴福庙与慈云阁位于南门入口广场北端。兴福庙中部供华光天王，属道教建筑，为二进三开间布局，中间的天井加顶处理成亭状，中施重重斗拱承托的藻井。庙前的木门楼四柱三开间，三层歇山顶跌落，以层层叠叠的人字如意斗拱承托出檐，与前侧的百岁坊互相辉映，十分壮观。兴福庙西侧是佛教寺院，有天王殿和大雄宝殿。东侧后部是慈云阁，侧面开门，门前有亭与横街相通；前部是祖师殿。该建筑群既是村落入口的重要景观，也是城村人“三教合一”宗教信仰的明证。

（5）百岁坊与百岁翁祠

这两座建筑是为庆贺明代城村的百岁老人赵西源，由朝廷饬令建造的。百岁坊是城村最醒目的标志性建筑，始建于明万历四十五年（1617），现存建筑为清乾隆年间重建。牌坊为全木结构，十二柱三门一楼，面阔三间，进深二间，高约8米，两侧建山墙护卫。中间主屋顶为歇山式，次间为硬山顶。下面周以木短护栏，中有寿桃石一枚。坊上悬挂竖匾“百岁坊”，前后两面横匾楷书“四朝逸老”与“圣世人瑞”。

百岁翁祠为明万历年间的遗构。二进三开间布局，抬梁、穿斗混合式木构架，施月梁。砖雕门楼、木雕屏门与垫托以及石雕的柱础、门当都相当精美。

城村历史文化积淀深厚，村落规划布局精巧，建筑类型丰富。1999年武夷山被列入世界自然与文化遗产名录，城村是其中不可或缺的一部分。

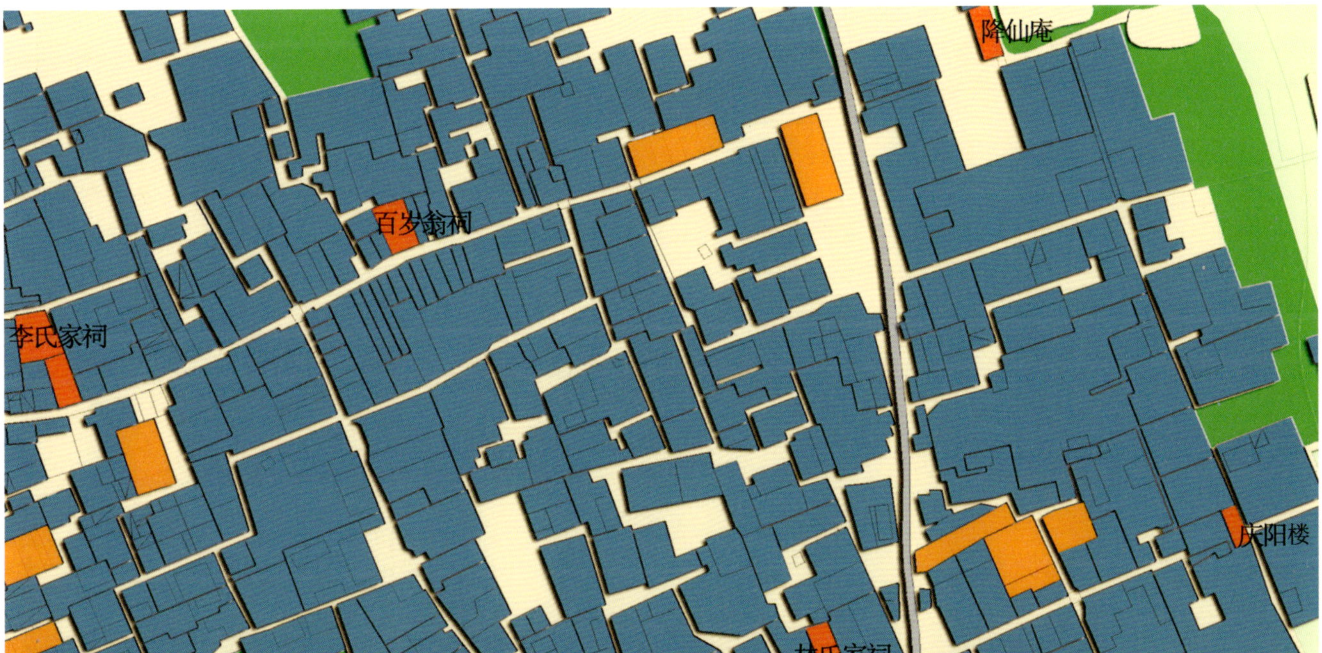

总体布局

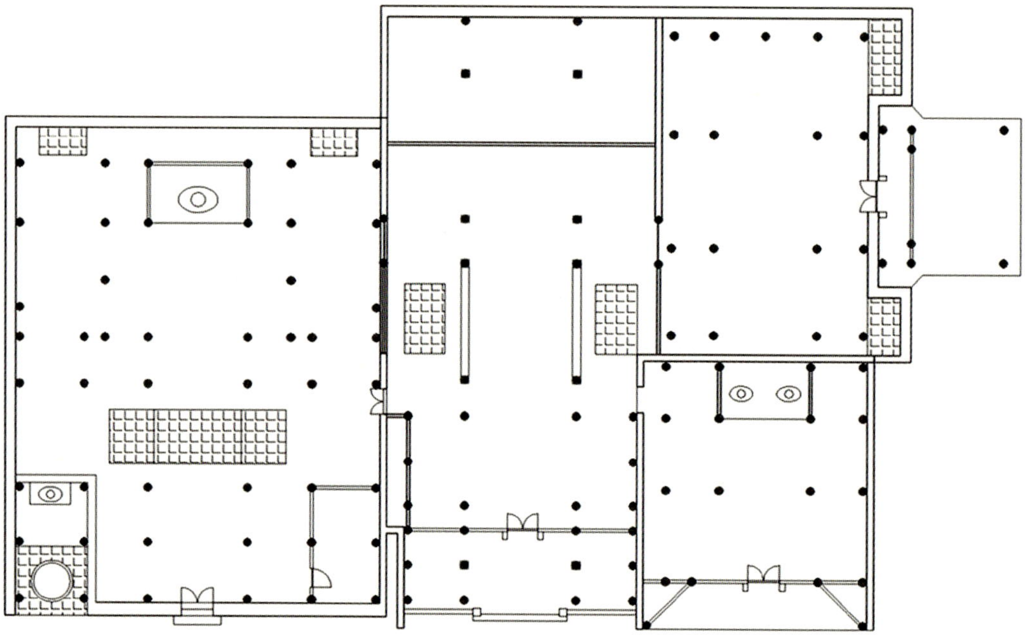

兴福庙一平面

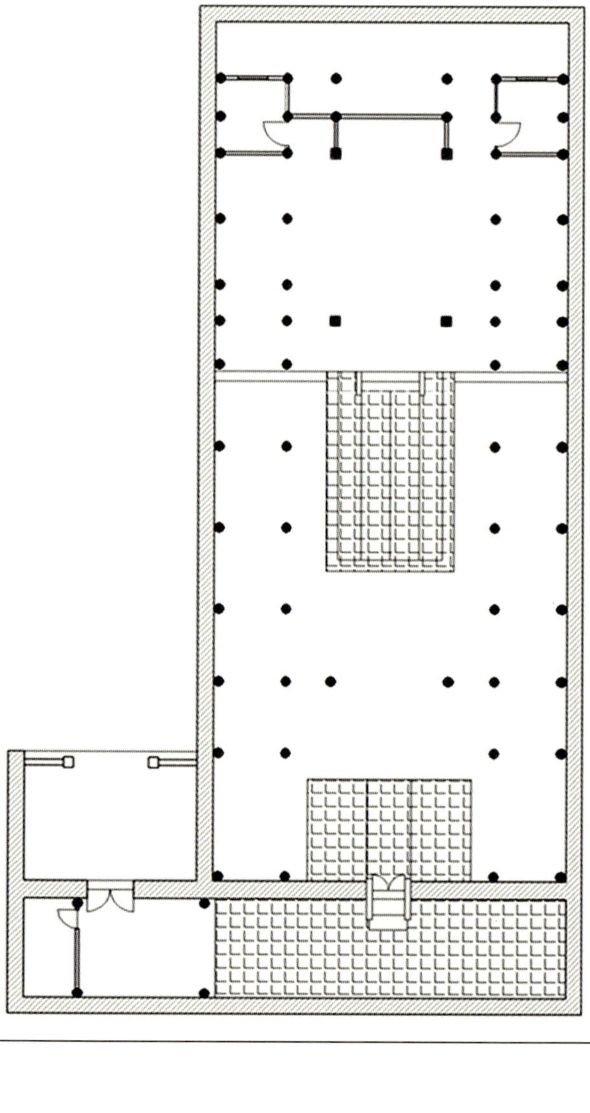

赵氏家庙一平面

⊙武夷山市城村村景

⊙城村渡口

⊙城村南门——“古粤”

⊙城村林氏家祠

⊙城村祠堂的书法

城村庆阳楼

⊙城村降仙庵

⊙城村慈云阁

⊙城村赵氏家祠

城村兴福庙

城村林氏家祠砖雕

城村李氏家祠

⊙城村民居砖雕门楼

⊙城村民居内天井、木栏杆与隔扇

⊙城村村口的百岁坊与兴福庙

⊙民居内天井

⊙民居窗扇砖雕

⊙城村崇福庵

⊙城村街景

⊙城村百岁坊是目前闽北保存最完整的木牌坊

下梅村

1. 历史概况

下梅村位于武夷山市区东南12千米处，距风景迷人的武夷山风景名胜区仅4千米，因地处梅溪下游，故名“下梅”。

三千多年前的商周时期，下梅已有了村落。北宋以前，下梅称“当坑坊”。南宋时，朱熹曾在这里讲学。从明代到清康熙初年，下梅逐渐发展成崇安县武夷岩茶制作、收购、贩卖为一体的茶叶集散地。康熙年间，以经营茶叶贸易致富的邹家出巨资对当溪进行改造，接通流到村口的梅溪，形成交通水网。乾隆、嘉庆年间下梅进入鼎盛时期，以茶叶交易为中心的经贸活动十分活跃。当溪两岸店铺林立，茶市兴盛，商业繁荣。盛时每日行筏三百艘，转运不绝。下梅在陆路方面还曾经连接晋商路，山西榆次商人常氏就曾在下梅进行茶叶交易。民国以后，随着茶叶交易中心的转移，盛极一时的下梅慢慢走向衰落。

2. 村落形态

下梅地处梅溪下游的冲积盆地，坐东向西，背倚黄竹岭与后山岭，南接芦笋峰，北连夏主岭。梅溪自北向西流经下梅汇入崇阳溪，与梅溪“丁”字交接的当溪呈东西向横贯全村。山环水抱的地理环境使这里气候温和湿润，是盛产粮食、培育茶树的好地方。

下梅的村落布局充满江南水乡的诗情画意。村落以长九百余米的当溪为中轴发展起来，形成临水的南北两条街，两街跨溪流有小桥相通。街道以单坡顶覆盖，形成长长的风雨廊，两岸设美人靠，既可以遮阳、避雨，也是休憩、观景的场所。岸边设井台，堤边设踏步，方便人们汲水与洗涤。每隔一段距离还修建码头供舟船停靠。

村内建筑面水而建，沿街多为前店后宅的形式。邹氏家祠、镇国庙等主要的礼制中心、宗教中心均坐落在当溪两岸。下梅最大姓——邹姓村民的民居大都以邹氏家祠为中心，沿当溪两岸展开布局，方姓、陈姓等他姓民居相对距当溪较远。二十多条窄巷或与两街垂直，或与古街平行，将村落推向纵深，营造出曲径通幽的氛围。

3. 古建鉴赏

（1）祠堂

位于当溪北岸的邹氏家祠是下梅村唯一的祠堂。该祠堂由邹茂章四兄弟于清乾隆五十五年（1790）合资兴建。占地面积264.6平方米，坐北朝南，由门楼、天井、祠厅等组成。九山跌落的砖雕门楼相当壮观，门楼为四柱三门三窗式，砖雕图案精美繁复。门前设有拴马石、抱鼓石。祠厅面阔三间，进深三间。主厅开敞式，两侧为房间，楼上设观戏台。最为独特的是，正厅的两根立柱用的不是大圆木，而是由四块呈直角的木料拼成，寓意邹氏四兄弟团结一致共创家业。以硬木横向做成柱础，颇具当地特色。风火墙为双波造型，线条优美流畅。

（2）民居

在清代，下梅首富邹氏家族模仿苏州、杭州、广州等地建筑样式，结合本地特点，建造了豪宅七十余幢，方、岳、程、陈等几姓也修建了住宅，由此构成布局严谨、用材考究、工艺精湛的民居建筑群。

下梅古民居有两个主要特点。一是规模大：平面布局大多以三合院为基本单元进行组合，采用传统的抬梁、穿斗混合式木构架；天井狭长，两侧为廊，不建厢房；正厅高大开敞，廊檐出檐深远；以此为基础，往进深方向不断延伸，形成中轴对称、主次分明的二进、三进甚至四进、五进的深宅大院。二是工艺精：无论是青砖雕砌的门楼、门罩，还是镂空雕花的木梁、门窗，都经过精雕细刻。下梅民居几乎家家都有砖雕门楼或门罩，门楼上的砖雕图案题材丰富，造型逼真，具有很高的艺术价值。

下梅村中至今保存较完整的古民居有三十多幢，最有代表性的当数邹氏大夫第、闺秀楼、儒学正堂、参军第、程氏隐士居等。

下梅大夫第是下梅村中最豪华的古民居。由于邹氏家族对下梅的开发与繁荣作出了突出贡献，朝廷诰封邹茂章“中宪大夫”、邹英章“奉直大夫”，因此邹宅有了“大夫第”的名称。该宅建于清乾隆十九年（1754），占地面积932.2平方米。坐北朝南，四纵三厅四进，前有歇屋两列，右后院造花园“小樊川”。四面砖砌风火墙围护，山墙作层层跌落的马头墙。整座建筑群集砖雕、木雕、石雕、彩绘于一体，工艺精湛。尤其是砖雕门楼造型宏伟，雕刻精致细腻。大门前有拴马石和旗杆石。天井都配有一高一矮两个石制花架。花园设计精巧，为江南园林的袖珍版，园名“小樊川”为唐朝诗人杜牧后代杜光操所题。民居中带后花园在闽北极为少见。

邹宅（闺秀楼）建于清乾隆年间，占地面积727.8平方米，坐北朝南。主体建筑为二厅三进，后部附有附属用房，左侧有一座二层的闺秀楼，专供妻妾小女休闲娱乐。砖雕门楼保存完整，雕刻精细，图案造型逼真。厅堂面阔三间，进深二间，木质柱础。第二进的厅堂檐廊梁架雕刻精美，第三进则相对简单。闺秀楼主楼占地面积76.5平方米。底楼作吊顶，饰以精美的木刻图案。楼上四壁开窗采光通风，雕窗图案整齐美观。建筑外部围以青砖空斗墙，高大的风火山墙上绘有二方连续彩画，至今仍绚丽清晰。

儒学正堂建于清乾隆年间。占地面积588.9平方米，坐北朝南，为二厅三进布局，曾设私塾，上厅有赏月楼等附属建筑。出檐砖雕门楼保存完整，砖雕以浮雕为主，檐口作彩绘。厅堂面阔三间，进深二间，木质柱础。大厅梁架、窗户木雕较精致，尤以窗棂为最。屋主陈镛候选儒学正堂的捷报还贴在屋内墙壁上，“儒学正堂”“瑶池集瑞”“文魁”等匾额保存完好。

参军第建于清乾隆年间。方氏镇守边关的将士殉职，卫国有功，故宅居被封为“参军第”，至今“参军第”匾额保留完好。该宅占地面积410平方米，坐南朝北，二厅三进布局。五山跌落式砖雕门楼非常精美，砖雕以浮雕为主，也有镂空雕，雕刻细腻生动，艺术价值很高。

（3）宫庙

下梅的宫庙建筑有镇国庙、万寿宫、妈祖

庙、圣旨庵，目前只有镇国庙保存较完整。镇国庙位于北街水口处，平面三进，三个入口对称布局，香火旺盛。

下梅村人文景观独特，聚落空间保留完整，古建筑特色鲜明。1999年武夷山被列入世界自然与文化遗产名录，下梅是其中的组成部分。

⊙总体布局

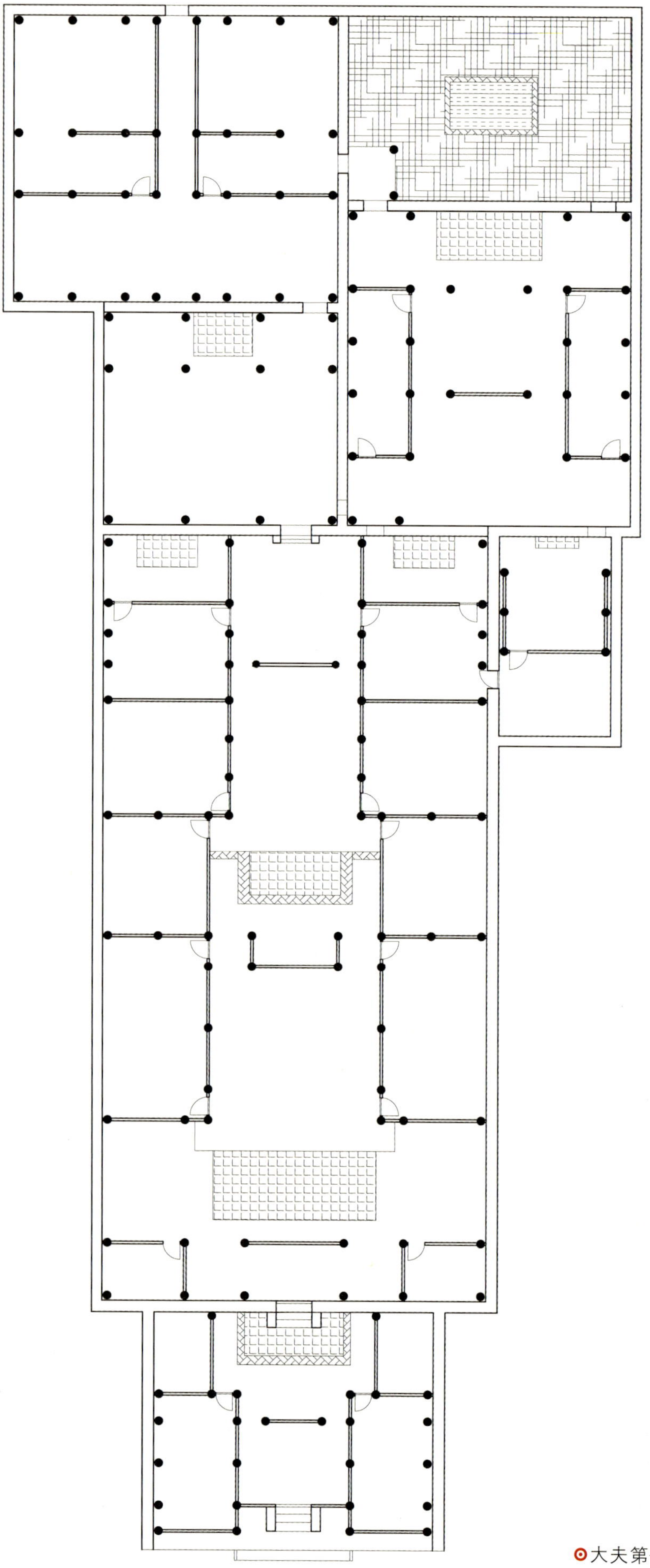

⊙大夫第一平面

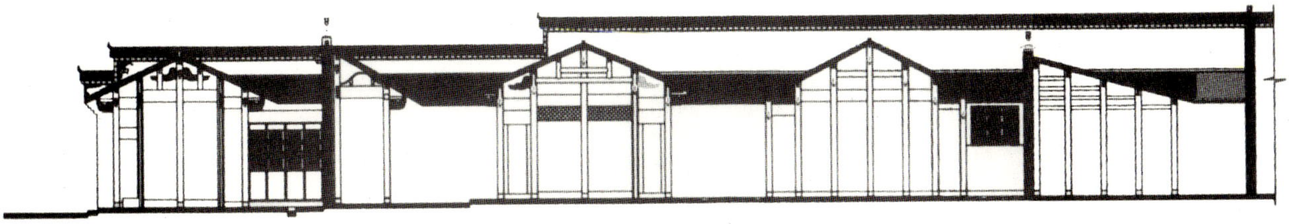

⊙大夫第剖面图

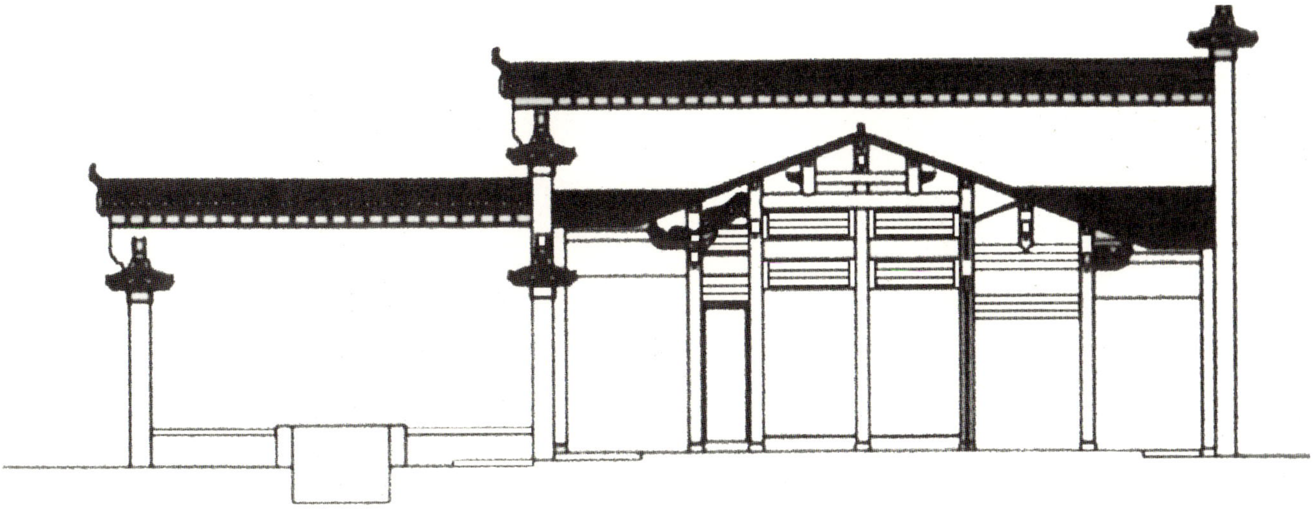

⊙大夫第剖面图

武夷山市下梅村水街

下梅村镇国庙

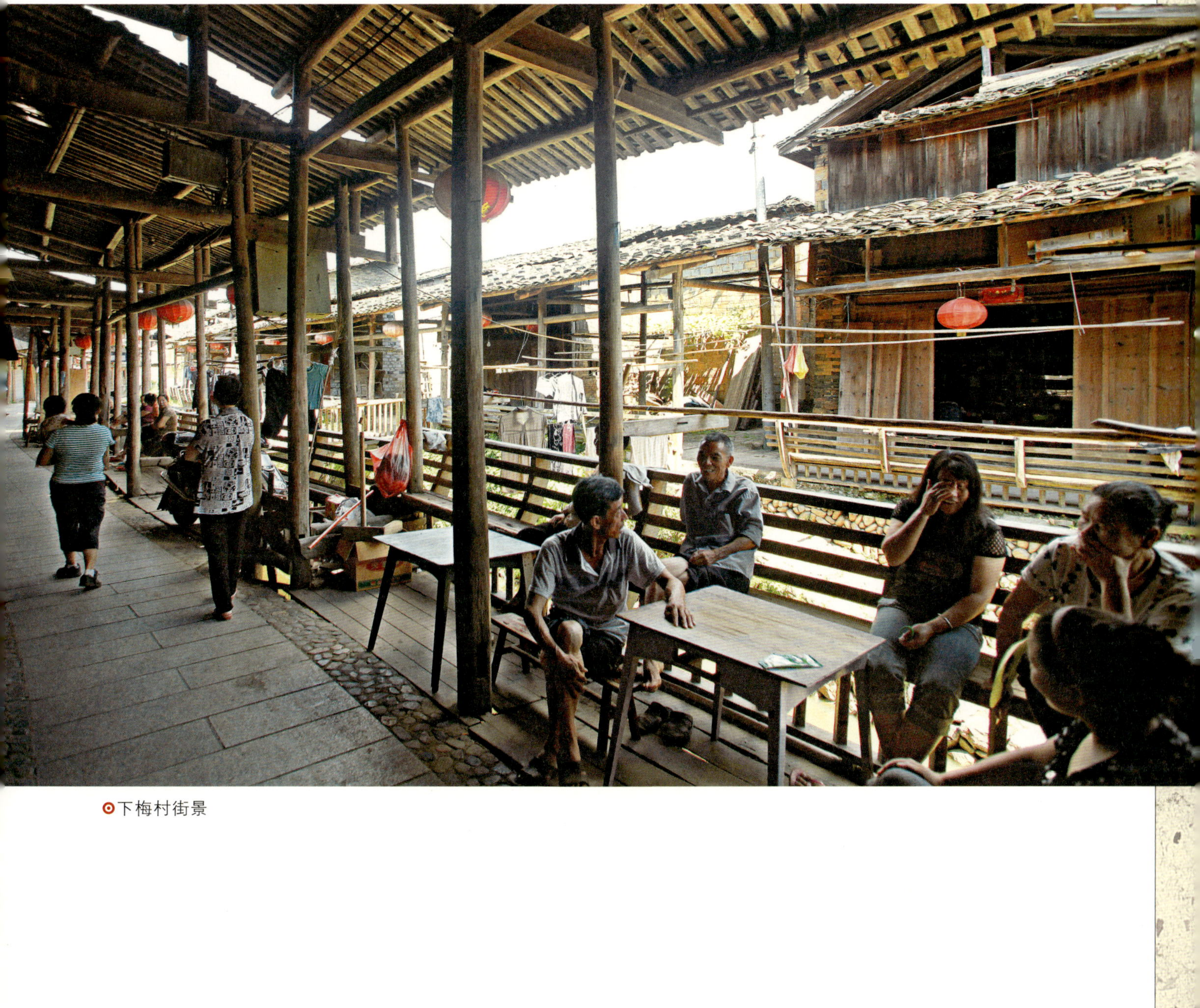

下梅村街景

下梅邹氏家祠

⊙邹氏家祠外景

⊙下梅邹氏家祠内景

⊙下梅民居石雕

⊙下梅村景一角

⊙下梅邹氏大夫第庭院

⊙邹氏大夫第侧入口

下梅参军第门楼

参军第厅堂

下梅西水别业月洞门

下梅邹氏大夫第二门

下梅邹氏大夫第后花园——小樊川

下梅民居后楼

下梅民居中堂

和平镇

1. 历史概况

和平镇位于邵武市的西南部，东接大埠岗镇，西连桂林乡，南邻肖家坊镇并与泰宁县交界。镇中有公路通往高速公路和205省道，距邵武市区20千米。

和平，古亦作“禾坪”，唐时称“昼锦里”，宋代为“昼锦乡和平里”。早在四千多年前，古越先民就在这里拓土开荒、生息繁衍。唐五代时，这里已人口稠密，形成繁华的商贸街市。形成于后唐天成元年（926）并留存至今的和平集圩便是商品经济繁荣的特征之一。一到圩日，四乡八邻云集，热闹非常。清乾隆三十四年（1769）设和平分县，置县丞署和把总署，隶属邵武府治。民国时为邵武第三区，1954年改为和平镇。

和平是汉唐以来邵武通往江西黎川、南城、南丰等县和闽西北泰宁、建宁、将乐、宁化、长汀的咽喉要道。地处和平镇北面殊山武阳峰的愁思岭隘道是中原人士从江西进入福建的主要通道，和平成为当时中原文化进入福建的纽带、桥梁。

和平历史上教育发达、文风鼎盛。五代后梁开平二年（908），曾任后唐工部侍郎的黄峭弃官归隐，在和平镇创办了和平书院，开宗族办学的先河。自此邵武南区乃至全邵武宗族办学相沿成俗，营造了和平千余年来读书求学、重视教育的氛围。自宋至清，和平仅进士就有118人，有“进士之乡”的美称。

和平有着古朴的风俗民情。名为“烛桥”的龙灯，是古越蛇文化的传承；以中乾庙为中心举行的“傩祭”，是被史学界称为“活化石”的傩文化传承活动。

2. 聚落形态

和平地处武夷山南麓，属丘陵地带。境内山峦起伏，罗前溪、和平溪从镇东西流过，形成群山环抱、二水交汇的秀美风光。

和平在明万历十六年（1588）建成了周长1200米的城堡，辟八个城门，四个主城门上建谯楼。因城堡系民间自发集资建造，墙体就地取材，全部用河卵石砌筑。城内街巷交错，民居鳞次栉比，形成一个城堡式的大村镇。

古镇区的主街是贯穿南北的旧市街和直达东门谯楼的东门街，以旧市街最具特色。旧市街是集市贸易街，由邵武人、宋朝宰相李纲筹资兴建，长六百余米，街宽4～6米，地面中间铺青石板，两侧铺河卵石。临街建筑一至二层，多为前店后宅或下店上宅形式，外观统一中又有变化。

两条主街旁边分布着数十条巷道。小巷用卵石铺砌，弯曲而悠长。两侧民居排列紧密，外墙高度6～10米，用青色空斗砖砌就。民居墙面很少装饰，但砖雕门楼精细华丽，山墙高低起伏，成为街巷的视觉中心。高墙窄巷、坡顶灰瓦，与散落在镇中的宗祠、宫庙、书院、大夫第、县丞署、旧市义仓、谢氏庄仓等近二百座明清时代的古建筑一起，构成古镇厚重、古朴、典雅的风貌。

3. 古建鉴赏

（1）聚奎塔

聚奎塔也称“奎光塔”“聚光塔”，位于古镇区东南约1.5千米的和平镇水口山顶，明万历四十四年（1616）始建，历时二十多年，于崇祯年间告竣。为五层六角楼阁式砖塔，通高27.81米，底宽6米。塔基以辉绿岩石砌造。各层交错辟一券顶拱门，门楣均有题刻，底层门额的阴刻行楷系袁崇焕题写的塔名及题款：“聚奎塔天启元年秋月吉旦赐进士第、知邵武县事袁崇焕立。”每层五面塔壁均设拱券顶佛龛，内置砖质神像，龛顶砖雕花草图案。各层塔檐用麻石板叠涩出檐，葫芦刹顶。塔内沿壁砌石蹬旋梯至顶层，楼板及桁条为木构。塔内壁各层辟有朝向各异的窗龛，均有题刻。

（2）和平书院

和平书院是闽北历史上创办最早的书院之一，系黄峭晚年弃官归隐后创建。初创时为黄氏家族自办的学堂，专供族中子弟就学，自宋以后衍变成为地方性学校，培育造就了一批又一批英才人杰。现存的和平书院建筑为清乾隆三十四年（1769）重建。占地面积约600平方米，坐东向西，单进厅，穿斗式木构架，硬山顶，外围高大的风火墙。天井两侧建木构双层厢房，堂房地面高出天井1.6米， 天井正中设13级石阶达堂房大厅。堂房面阔五开间，中为厅堂，两侧作教室。门前空坪北侧建砖石构单体门墙，中间大门，两边券拱门，有巴洛克遗风。

（3）民居

和平镇遗存的传统民居以清代民居为主。平面布局均为封闭的四合院式，面阔三开间，中间为敞厅和天井，两侧为耳房和厢房，进深多为二至三进。高大的风火墙顶部作阶梯状跌落的三山或五山式，高低错落，层次丰富。豪宅多建牌坊式的砖石构门楼，门楼或门罩上的砖雕精致细腻。以黄、李、廖三姓氏的“大夫第”最为典型。

黄氏大夫第俗称“大东家”，建于清嘉庆年间，是奉直大夫、直隶州五品知州黄映壁的宅第。占地面积约1800平方米，共三座合院，一座坐西向东，两座坐东向西，宅后隔一条巷道原有花园并建戏台（今无存）。二进三开间布局，进深五间，穿斗式木构架，周以风火墙。门楼为砖石构四柱三间一门八字牌坊式，砖雕松、鹤、梅、牡丹、锦鸡等图案，四幅主要画面采用古朴粗犷的写意技法，寓意“松鹤延年”“富贵长留”“竹报平安”“锦绣美满”。

李氏大夫第建于清同治年间，坐西向东，占地面积约800平方米，三进三开间布局，南侧风火墙外有木构二层楼护厝——课子楼。门楼高大醒目，为砖石构六柱五间一门八字牌坊式，壁面砖雕内容为“斩颜良”“华容道”“长坂坡”“博望坡”“千里送京娘”等历史人物故事，以及瑞兽花草等，雕刻精细传神，近于写真。

（4）谯楼

和平古镇原有东西南北四座谯楼，谯楼比城中民居高出约一倍，是整个镇区的制高点。现存东、北、西三座城门和东、北两座谯楼。谯楼为木构，基座用河卵石砌筑。东门谯楼清同治年间曾修葺，平面呈长方形，长13.8米，宽5.2米，高8.2米，屋顶为三重檐歇山式，原有巨匾，题“震东楼”。北门谯楼因面对武阳峰，又称“武阳楼”，为重檐歇山顶。

和平镇是福建省历史最悠久的古镇之一，古街巷保留完整，具有很高的历史文化价值。

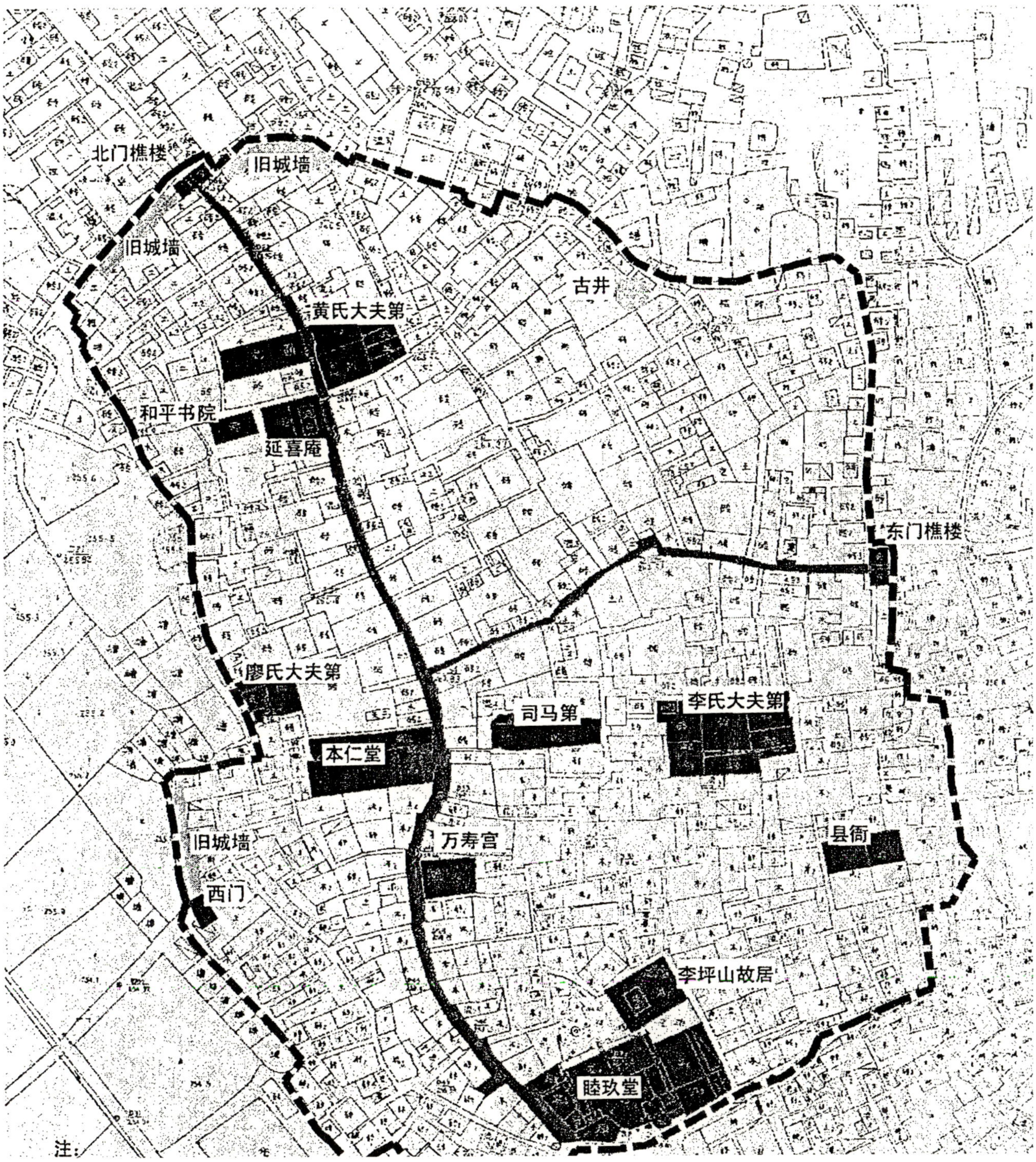
北门樵楼
旧城墙
旧城墙
古井
黄氏大夫第
和平书院
延喜庵
东门樵楼
廖氏大夫第
李氏大夫第
司马第
本仁堂
旧城墙
万寿宫
县衙
西门
李坪山故居
睦玖堂
注:
北

总体布局

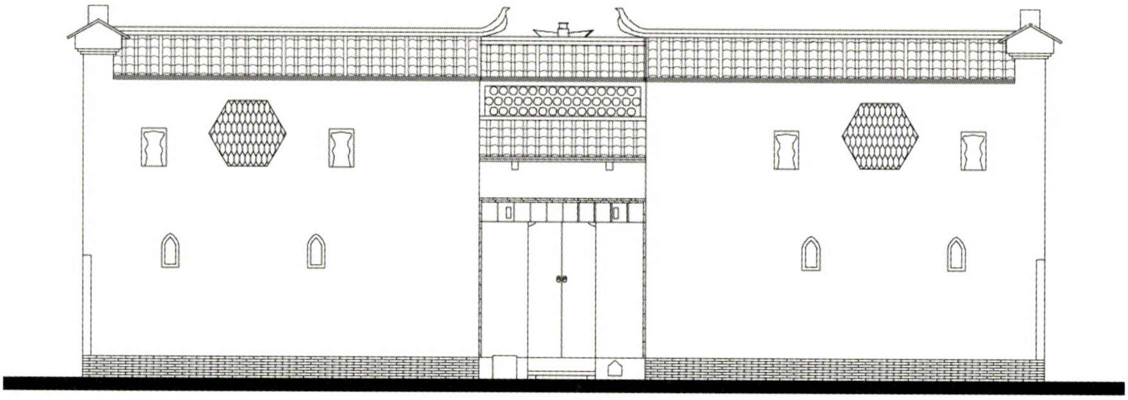

⊙廖氏大夫第—立面

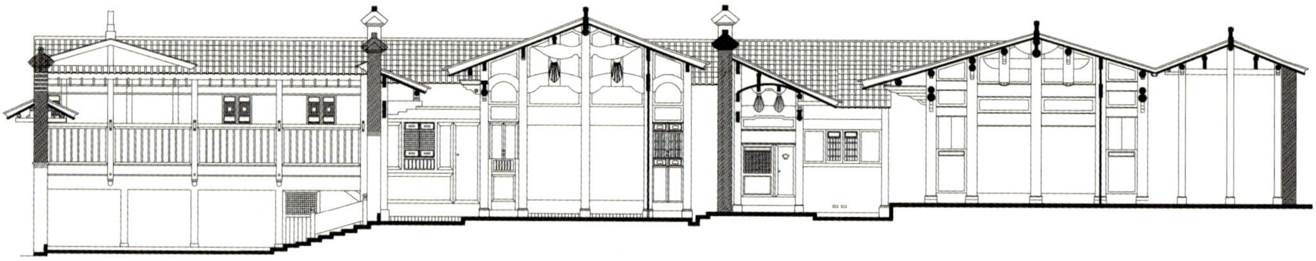

⊙廖氏大夫第—剖面

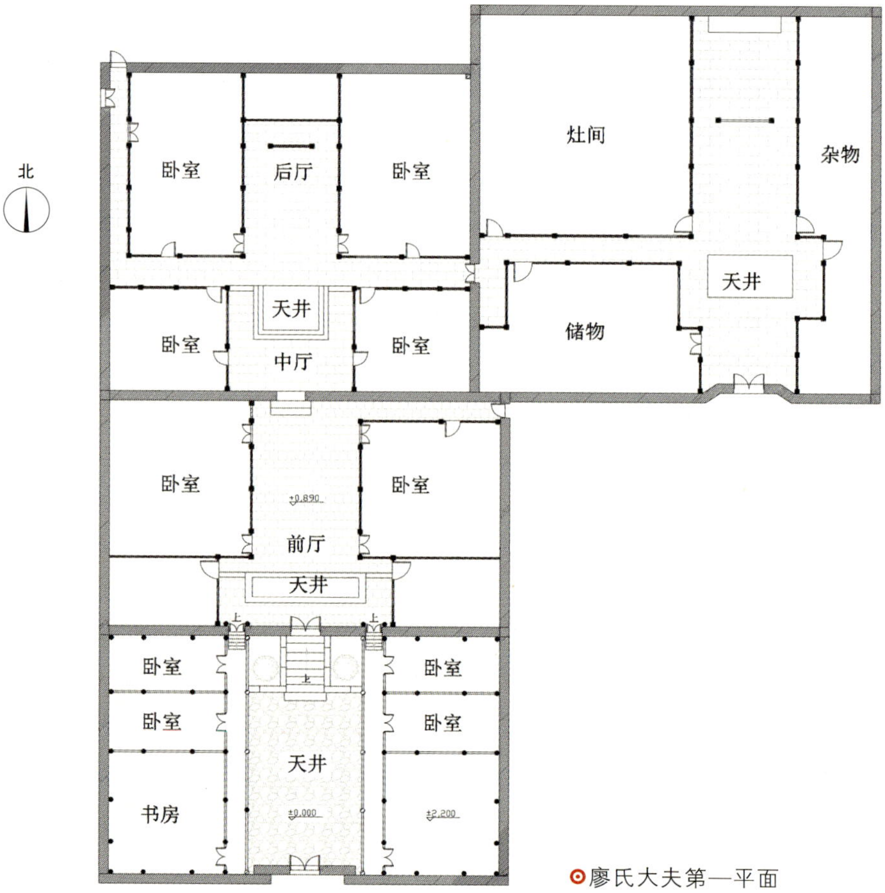

⊙廖氏大夫第—平面

⊙邵武市和平古镇

⊙和平古镇东门谯楼

⊙和平古镇街巷

⊙和平书院

⊙和平民居砖雕漏窗

⊙和平民居

⊙和平古镇聚奎塔，明天启元年由邵武县令袁崇焕题写塔名

⊙和平黄氏大夫第门楼

⊙和平古镇北门门楼底层

⊙和平北门门楼

和平街巷

和平黄氏家庙

和平廖氏家庙

和平古镇砖雕

廖氏大夫第

和平古镇砖雕

和平古镇砖雕

⊙和平街巷

⊙和平街巷

⊙和平古镇砖雕

元坑镇

1. 历史概况

元坑镇位于顺昌县西南部，西邻将乐县。古镇四面环山，属山间盆地。204省道从镇区北部穿境而过，距县城17千米。

元坑最早的名字是“九村”，其范围包括元坑盆地内的元坑、东郊、峰下（今福峰）、村尾（今秀水）、后福、光济山、方厝等9个村落。现元坑镇区由东郊、秀水、九村、福峰四个行政村组成。

元坑盆地在远古时期就有人类居住，但得到开发是在北宋时期。元坑的历代先民平整田畴，兴修水利，创建祠堂，修建庙宇、桥梁，至明代基本形成现有的聚落格局。历史上元坑是建宁、泰宁、将乐等县通往南平、福州的要衢，贯穿元坑境内的金溪是明清时期闽北重要的水运通道之一。因此这里成为商贸中心，边贸和经济十分繁荣。清代至民国，是元坑各家族的发达时期，也是元坑与外界联系最多的时期。许多元坑人在外做官或经商，返乡后纷纷倡修祠堂、建筑豪宅。至今古镇仍保存不少工艺精湛、特色鲜明的古建筑，以及路亭、古墓、古碑等古迹。

元坑历史文化积淀深厚。宋朝理学大师杨时、游酢、名臣廖刚以及朱熹的得意门生廖德明等人，都在元坑留下丰富的人文史迹。这里崇文重教，宋至清代有进士百余名。仅东郊陈姓，清代就出进士3人、举人3人、武举11人。

在元坑古镇形成的历史过程中，产生了众多的庙宇和神灵崇拜，相关的迎送仪式沿袭至今。特别是农历二月初四、初五的“迎大神”盛况空前，涌来观看的本县和将乐、沙县、邵武、南平等邻县市群众络绎不绝。

2. 聚落形态

元坑地处山环水抱的山间盆地。盆地西南是大明山、金笼山。蛟溪出于二山之间，环绕古镇的西面，然后从盆地北面的鞍山、光济山之间穿出，北流汇入金溪。

古镇的布局依山就势，由东往西展开。聚落在发展过程中逐渐加强了血缘聚居的色彩。九村是蔡姓与朱姓的聚居地，秀水主要是吴姓与张姓的聚居地，东郊是陈姓的聚居地，福峰则是萧姓的聚居地。各姓的祠堂建在村落的高处或交通便利之处，民居以宗祠为中心布置。由于地形限制，建筑的布局不拘泥于南北朝向，而是依山形水势建造。

元坑古镇至今完整保留着古街古巷和沟渠水网。福峰村的东面为镇政府所在地，绝大部分民居在村落西面。古街格局保留完整，较著名的巷弄有七层下弄、七层上弄、下新路、石虎弄、石榴埂与闸门顶等。九村的主街两旁不断伸出巷道和巷弄，路网复杂多变。保存较好的巷弄有中弄、三先弄、底弄、上弄等。九村的主要街巷在交会处会留出一定的空间，称为“空坪”，成为村民日常聚会的小广场。如地势较高的高来坪，村中心的三街店（今称大队坪），村西南入口处的明高坪。东郊村的建筑依龟山西麓、南麓而建。南麓以岭头街为中心分成南北两部分，地势北高南低。秀水村的建筑分为南北两大组团。南部建筑群与东郊的建筑毗连，北部建筑群地处光济山南麓，依山而建。秀水的古民居相当密集，街巷保存非常完整，古街主要有吴厝弄、张厝弄等。四个村落借助从盆地东面、东南面、南面而来的几个水利系统做出合理接应，水圳傍路而行、穿村而过，既为村民洗涤、冲污提供便利，也使古街巷充满韵味，古朴中不乏活泼灵动。

3. 古建鉴赏

（1）祠堂

祠堂是元坑最威严也最精美的建筑，有砖雕精细的门楼、木雕繁复的门厅（兼做戏台）、空间高大的厅堂，有的还附设书斋。现存较好的祠堂有九村的蔡氏宗祠与朱氏宗祠、秀水村的吴氏宗祠与张氏宗祠（张氏宗祠位于东郊村内，估计是行政划分所致）。

蔡氏宗祠建于清乾隆二十五年（1760），占地面积402.17平方米，坐东向西。中轴线依次为门埕、门楼、门厅、天井、大厅、后天井，前天井两侧回廊，主体左侧有一座学堂。围墙左侧建外门楼，围墙前有池塘。该祠的砖雕门楼极为精彩，为六柱五间五楼八字牌坊式。门楼屋顶仿木构砖雕斗拱承托出檐，壁面砖雕历史典故、花草、祥禽瑞兽以及菱花纹、金钱纹，造型立体生动。风火墙跌落，墀头翼角飞翘。大厅抬梁、穿斗式木构架，悬山顶。方砖幔地，柱础有圆形鼓腹、四方鼓腹和直口圆形鼓腹六角底座三种。

吴氏宗祠建于清嘉庆元年（1796），占地面积302.48平方米，坐西北朝东南，由门埕、门楼、门厅、天井、大厅组成。天井中有两口水井，寓意为双龙之眼。门埕前戏台已毁，现门厅兼做戏台。砖雕门楼为六柱五间五楼八字牌坊式，以砖雕斗拱承托出檐，壁面砖雕丹凤朝阳、文房四宝和花格等图案。门厅、大厅明间为抬梁式木构架，厅堂前廊与天井两侧廊均施卷棚轩顶。地面铺方形青砖，柱础有方斗状、南瓜状、瓶状和圆形等，其中瓶状柱础高一米多，造型独特。

（2）民居

元坑古镇保存较好的传统民居有79座，多为清代建筑。依规模可分成小型、中型和大型民居三类。小型民居数量最多，平面布局为三合院式和四合院式。中型民居的形式多样，有纵深多进式，也有左右多路并列，或在中轴建筑的两侧设侧屋。如东郊村27号陈宅是二进三开间布局；福峰村1号张宅是三进三开间两侧设侧屋；福峰村117号萧宅和九村七驺堂都是由两路合院式建筑并列组成；最有特色的是福峰村贡士宅，其布局三进三开间，但后堂由三个并列四合院组成。大型民居由多进多落合院并列组合而成，当地人称之为“三大栋”。元坑现存的东郊三大栋、福峰三大栋和福峰三小栋，其布局极有特色，是元坑豪富之家的体现。

元坑陈氏民居（即东郊三大栋）建于清中期，坐东北向西南，由一字排开、大小不一的六路合院式建筑相邻共建而成，各路二至四进不等，内部廊院相接，总占地面积4718.76平方米。建筑群南筑围墙，东蓄池水，西、北两面沟渠环绕。每座院落结构、布局基本相同，布局为门、前厅、正厅、后厅，前后厅之间设置天井、回廊和一处凉亭。院落沿轴线前后多进相接，设前、中、后院门，自成天地。左右各座又在大厅前廊处设门，相互贯通。该宅大门的门罩为木构披檐，以造型别致的象鼻承托。宅内梁架、雀替、窗扇的木雕精巧生动。大厅以太师壁分隔前后堂，太师壁两侧上部设神龛，神龛镏金，木雕十分精美。陈氏民居后裔中多人现居台湾，有一定社会影响。

（3）宫庙

元坑盆地有宫庙二十余座。现存寺庙多为新建或改建，保存旧貌的不多。

东郊新庙祀奉吕洞宾，又称祖师爷庙、大庙，由大殿及戏台组成，保存较多早期建筑手法。庙坐北朝南，面阔三间，进深七柱带前廊、后天井，抬梁、穿斗混合式构架。庙的对面建有戏台。戏台面阔三间，进深二间，抬梁、穿斗式木构架，单檐歇山顶。梁枋雕饰“福”、“禄”、凤凰、梅花鹿、牡丹等图案，额枋下皮墨书：“特授顺昌协镇都督府才勇巴图鲁，钦加同知衔赏戴蓝翎知顺昌县事谢□。”台高1.5米，台前设廊，弧形轩顶，椽上铺望砖。

圆通寺又名圆通院，宋元祐六年（1091）始建，清嘉庆十五年（1810）重建。占地面积1755平方米，坐南朝北，由前殿、左右厢房、后殿、厨房等组成。后殿面阔五间，进深三间，穿斗式木构架，悬山顶，椽上铺望砖。梁架部分构件雕卷草、葵花等纹饰，脊檩下皮墨书重建时间。殿内佛龛上方悬“古佛重光”木匾。

（4）教堂

福峰基督教堂于1914年由赖安利牧师主持修建。建筑面积171.87平方米，坐南朝北，由大门、钟楼、礼拜大厅、讲坛、教室组成。大门券顶式，门额上竖刻楷书“真神堂”，两层的钟楼设在大门顶部。礼拜大厅为双坡屋顶。教堂南侧9米处有一座清末建的单层宿舍，占地面积171平方米。

元坑镇古街巷空间完整，大量乡土建筑保存完好，具有鲜明的地域文化特色。

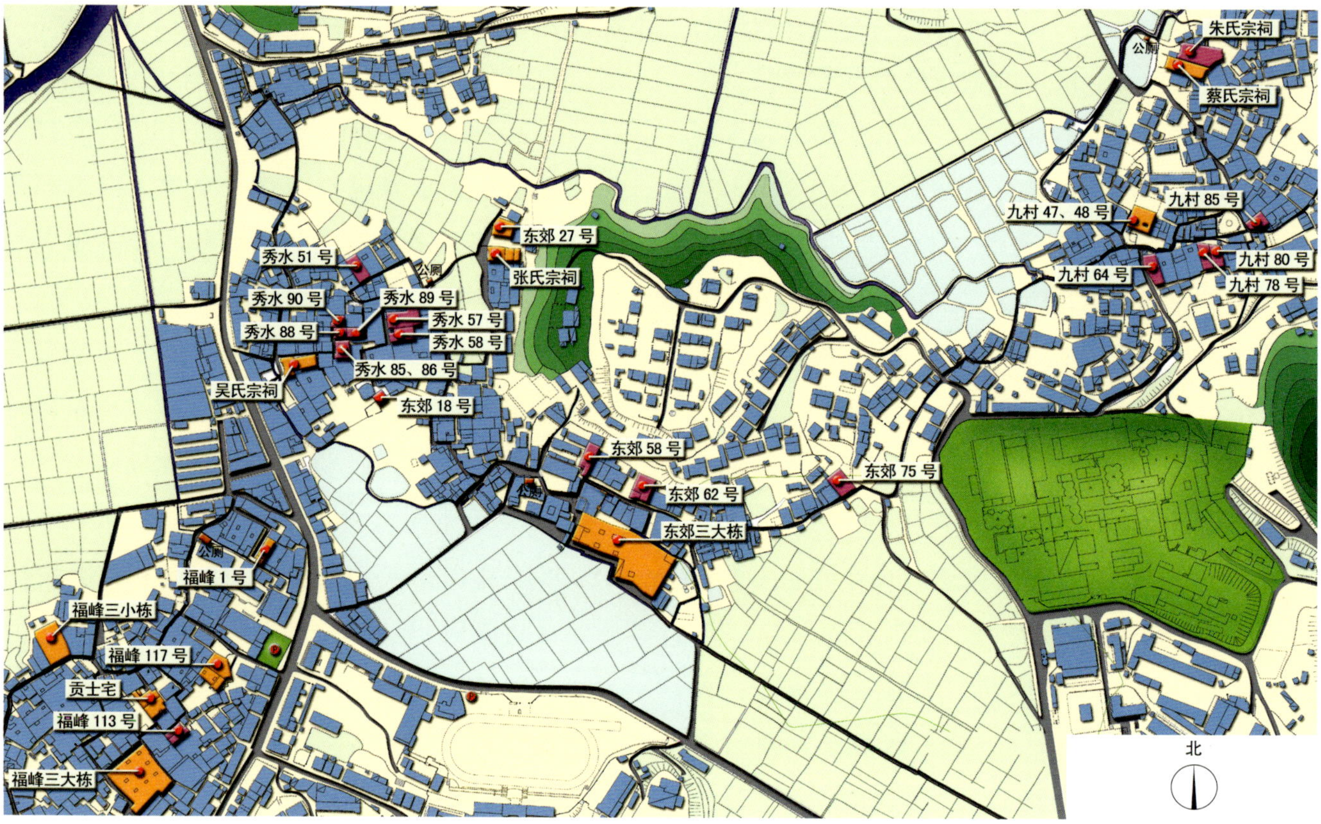
朱氏宗祠
公厕
蔡氏宗祠
九村 85 号
九村 47、48 号
九村 80 号
九村 64 号
九村 78 号
东郊 27 号
张氏宗祠
秀水 51 号
公厕
秀水 90 号
秀水 89 号
秀水 88 号
秀水 57 号
秀水 58 号
秀水 85、86 号
吴氏宗祠
东郊 18 号
东郊 58 号
东郊 75 号
东郊 62 号
东郊三大栋
公厕
福峰 1 号
福峰三小栋
福峰 117 号
贡士宅
福峰 113 号
福峰三大栋
北

⊙总体布局

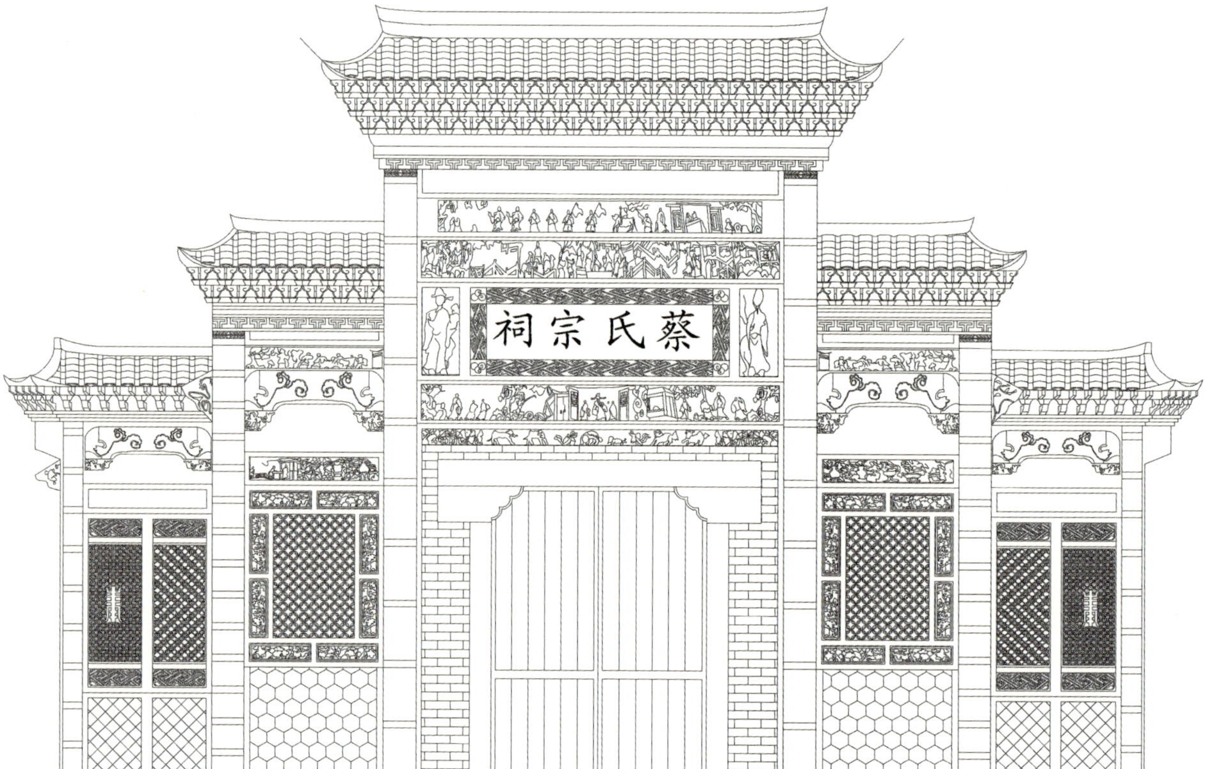
祠宗氏蔡

⊙蔡氏宗祠

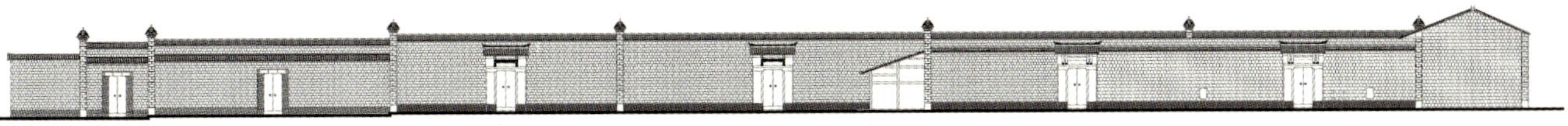

东郊三大栋—立面

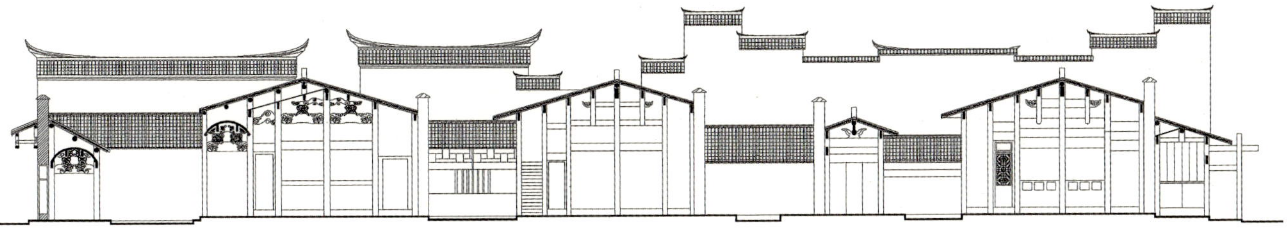

东郊三大栋—剖面

东郊三大栋—平面

元坑九村的蔡氏宗祠和朱氏宗祠

祠宗氏蔡

⊙元坑镇秀水村吴氏宗祠“三让堂”

⊙元坑镇九村蔡氏宗祠

⊙元坑镇福峰村基督教堂

⊙蔡氏宗祠内景

⊙元坑张氏宗祠

⊙元坑朱氏祠堂

⊙元坑萧氏宗祠

元坑东郊三大栋陈氏民居

东郊三大栋内景

东郊三大栋入口门楼

东郊三大栋由六路合院式建筑组成

福峰基督教堂大门

双溪镇

1. 历史概况

双溪镇位于屏南县东北部18千米处，国家风景名胜区鸳鸯溪和被誉为“天下绝景、宇宙之谜”的白水洋风景区均在双溪境内。

双溪因有南溪、西溪环绕镇区而得名。这两条溪成为古镇对外交通的命脉，也为经济贸易往来提供了便利条件。古官道上通闽北四府、浙江，南往古田并达福州，东达宁德、福安，西去南平及江西腹地，是连接闽东与闽北的要道。因此双溪历史上经济繁荣，商业发达。

双溪镇历史悠久，民间有“先有陆氏，后有双溪；先有双溪，后有屏南”的说法。五代后梁末帝乾化三年（913），陆氏先祖率子孙肇基于双溪漈下洋。后又有薛、张、宋、蒋等姓陆续前来，共同开发、拓展双溪。双溪旧属古田县。清雍正十三年（1735）建屏南县，设县治于双溪镇双溪村。此后直至1950年，双溪均为县治所在地，是全县政治、经济、文化的中心。解放后，双溪一直作为镇级治所，仍为闽东重镇之一。古镇的文物古迹众多，如作为古县城标志的城门、县衙、文庙、城隍庙、瑞光塔，以及宗祠、民居、桥梁、牌坊等。

双溪的民俗文化保留着浓郁的地方色彩，双溪铁枝、双溪元宵灯会延续至今。

2. 聚落形态

双溪镇地处鹫峰山脉中段，青山环抱，绿水萦绕。古镇坐落在地势北高南低的盆地中，北以起伏的三台山为屏，南有挺秀的玉柱峰，左右以金钟、玉印等诸山为护龙。南溪和西溪在镇区的西南面交汇，再蜿蜒流出两山夹峙的河谷。邑人将此地秀美的风光概为“屏南八景”：三台拥翠，两涧回澜，文峰挺秀，杰阁凌云，印山积雪，钟岭残霞，南桥春霁，北寺秋声。

双溪古镇原有周长1624米的城墙，开东、西、南、北四门并建有城楼。镇北侧有城隍庙、县衙、文庙、妈祖庙等公共建筑，民居主要分布在镇内的东、西、南区。各姓民居虽有交叉和混合，但还是体现了以各自祠堂为中心的分布态势。陆氏宗祠位于鹅湖路边，周边基本都是陆氏子孙的住宅；位于侯门埕的薛氏宗祠周边主要是薛姓的住宅；在东门北处高地上的张氏宗祠是聚集在这一带的张姓民居的制高点。镇区之外还修建了与传统聚落生活相关的公共建筑，如县治四周临溪而建的南安桥、劝农桥、源里桥、百花桥，城西水尾虎形岗上关锁水口的瑞光塔，距城东三里许的北岩寺、灵岩寺，城南三里外供路人休憩的大观亭。

双溪镇内主要道路为三横三纵。“三横”

指的是东西走向的三条道路，即老镇区的东街、下街，以及横穿镇区与国道连接的双寿路；“三纵”指的是老镇区的中山路和新区两条南北走向的水泥路。每条主街分支出诸多小街窄巷，构成四通八达的路网。下街、后街、鹅湖路与营房街是明末清初的街道，两侧土墙斑驳，地面铺设卵石，保存比较完整。后街是当时县城里最主要的商业街，临街都是店面，单层或双层的木质房屋错落有致。中山路和东街是民国时期的商业街，现在还承载着部分商业功能。

3. 古建鉴赏

（1）祠堂

双溪是多姓聚居的聚落，各姓原先都建有祠堂。目前保存下来的有陆氏宗祠和薛氏宗祠。

陆氏宗祠始建于北宋熙宁年间，现有规模形成于清咸丰七年（1857）。该宗祠占地面积1600平方米，坐北朝南，由照壁、半月池、祠门、戏台、天井、正厅、魁星阁组成。左右两厢建二层看台，看台栏板上彩画“二十四孝”和陆氏先人的故事。天井的两侧各一口水井，有石井栏。正厅建在一米高的台基上，面阔五间，进深三间，穿斗式木构架，悬山顶。后院有三层的魁星阁。风火墙层层跌落，墀头翼角飞翘。祠内存有楹联、匾额和明代以来的重修碑12通，还保存叶飞同志的题词“新四军第三支队六团团部旧址”。1938年2月，叶飞率闽东红军进驻双溪整训，整编为新四军第三支队第六团，团部设在魁星阁内。

（2）民居

双溪的传统民居有两种类型。一种是街巷型，多为面阔一至二间、前店后宅的纵深布局。另一种是合院型，厅堂面阔以三开间为主，一般在厅堂两侧留有墙弄，俗称“女人弄”，供女眷下人通行。布局方式有三合院式和四合院式两种，后者规模较大，一般建有双门楼，细部装饰讲究。

双溪民居以合院式布局居多，建筑特色主要体现在厅堂的设计上。清中期之前的民居厅堂明间一般为一层，宽敞明亮，俗称“厅厝”，次间为二层。清中晚期以后多为两层的楼厅，一层厅堂用于待客，二层厅堂作为祖堂或佛堂，俗称“楼厝”。如果民居有三进或四进，一般将二进厅堂处理成一层挑高的明厅，三、四进房屋做成楼厅的形式，这种布局称“前厅里楼”。有的富户还在主体建筑的隔壁或背后设小花园。

双溪现存的传统民居多达一百五十余座，其中东街47号宋宅、52号张宅、66号黄宅，复兴路34号蒋宅，下街17号薛宅，营房街11号周宅等老宅堪称古建精品。

东街47号宋氏老宅建于清光绪年间，二进三开间，由门埕、大门、门厅、天井、厅堂与后天井组成。厅堂明间为单层二坡顶，次间二层，两侧另辟墙弄。明间以太师壁分隔前后，两侧甬门上方设雕刻精美的神龛。太师壁之后为二层，上层向天井出挑做美人靠。后天井两侧为厨房等附属建筑。该宅与45号共用一个门埕，门埕三面围墙，左右两侧开门，门埕中间还建有望楼。大门砖砌，门枕石浮雕双狮图案，门上小披檐以四跳丁头拱承托出檐。门口上方挂“文魁”匾，记录了清代宋家四位学子分别高中贡元、进士、举人的殊荣。门厅屏门、天井两侧厢房及厅堂次间的隔扇门雕刻极其精美，除了琴棋书画、四季花卉、福禄寿喜等题材外，尤以历史典故为多，采用浮雕、透雕、镂雕等手法，构图巧妙，造型生动逼真。

（3）宫庙

双溪文庙始建于清乾隆元年（1736），之

双溪民居

⊙双溪古镇街巷

双溪劝农桥

双溪南安桥，又名迎恩桥

双溪俯瞰，近处是陆氏宗祠

双溪俯瞰

双溪陆氏宗祠

双溪宋宅

⊙双溪张氏民居

⊙双溪民居内景

⊙双溪民居入口

双溪民居木雕与石雕

双溪周宅

双溪周宅内景

迎恩桥桥屋

双溪迎恩桥

双溪文庙

双溪城隍庙正殿

双溪城隍庙戏台

双溪瑞光塔

劝农桥内神龛

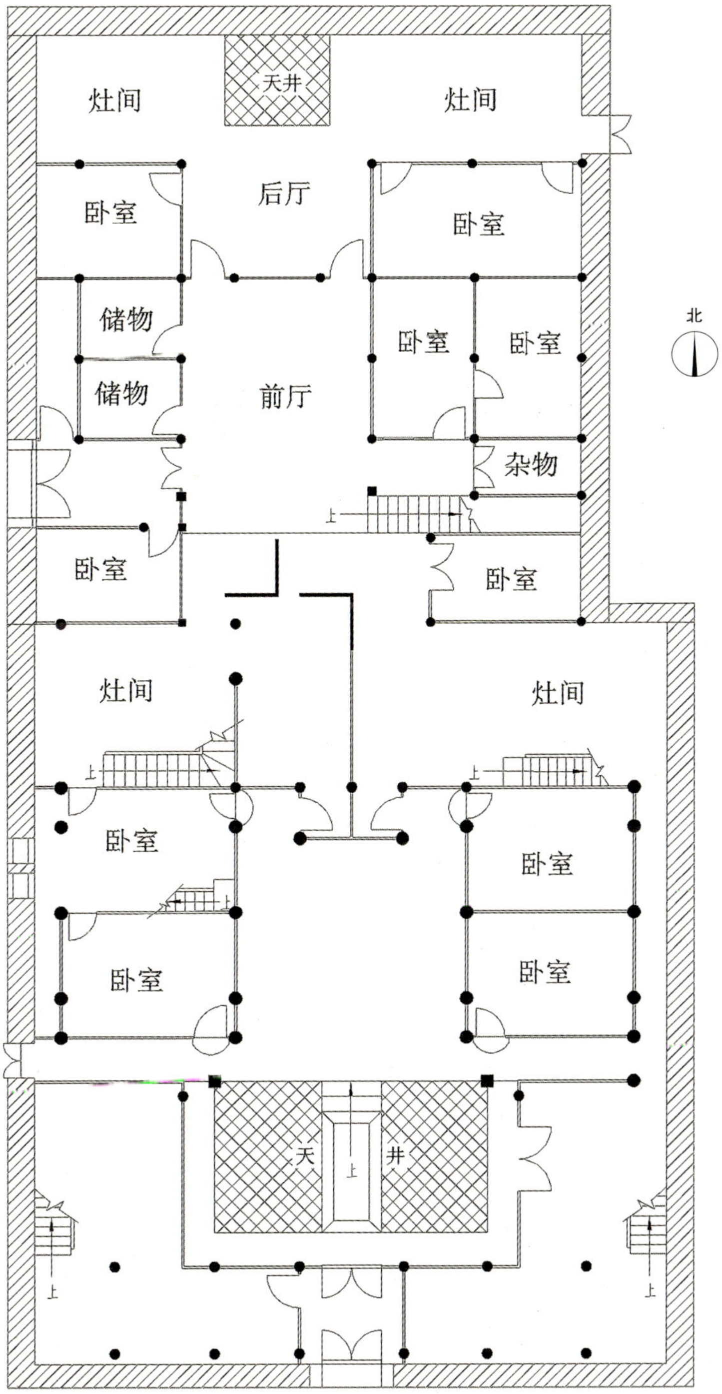
灶间
天井
灶间
后厅
卧室
卧室
储物
卧室
卧室
储物
前厅
杂物
上
卧室
卧室
灶间
灶间
上
上
卧室
卧室
上
卧室
卧室
天
上
井
上
上
北

⊙ 34 号一平面

⊙屏南县漈头村

⊙漈头民居厅堂

⊙厅堂中的老人

漈头民居

漈头旗杆厝

漈头街巷

漈头民居内院

⊙漈头石牌坊

⊙竖立在官道两旁的漈头石牌坊群

霍童镇

1. 历史概况

霍童镇位于宁德市蕉城区西北部，东邻九都镇、赤溪镇，南接虎浿乡、洋中镇，西靠洪口乡，北和周宁县咸村镇交界。镇中心霍童村与303省道连接，宁屏公路穿镇而过，距宁德市区49千米。

霍童山奇水秀，风景如画。霍童山属于鹫峰山系，在山中常可看到一缕缕云雾飘起，形成“山峰隐紫雾，万云叠海间”的自然奇观。霍童溪集松溪、政和、周宁、屏南、宁德五县之水，经八都入海。霍童的青山碧水吸引了许多佛、道修行者和文人墨客。早在东汉末已有道人入山修炼，此后络绎不绝。霍童山成为福建道教发展的重要基地，被道教封为“三十六洞天第一”，有“仙窟”之誉；支提山作为天冠菩萨的道场，被尊为佛教的“天下第一山”，有“佛巢”之称。

霍童开发于周秦，先秦时就有中原汉人迁入闽东开发霍山，此后北方移民与众多修真之士相继在此落脚。隋唐时期，随着以朱福和黄鞠等为代表的中原大族的入迁，先进的中原文化和生产技艺也被带入，霍童的生产和经济得以发展，逐渐成为宁德西北商贸、经济、文化往来的中心集镇。凭借便捷的通海水路，霍童镇上连周宁、屏南、松溪、政和数县，下及三都澳沿岸的宁德、霞浦、福安、罗源等地，成为方圆数百里海产品与山货的集散地。现霍童镇仍为临近咸村、洪口、赤溪、九都四个乡镇十多万人口的商贸集散地。

霍童的人文景观颇为丰富，“二月二”灯会、线狮、铁枝、纸扎、高跷等民俗文艺奇特而又精湛，尤其是霍童线狮的表演独树一帜，引人入胜。

2. 聚落形态

霍童镇坐落在河谷盆地之中，霍童溪由西北向东南穿盆地而过，溪流两岸霍童山绵延起伏。古镇在霍童溪南河谷曲折的凸面发展起来，三面环山，一面靠水。绮丽的风光让明代史学家何乔远都感慨：“宁德霍童洞天最方舆，视武夷无所让。”

霍童镇依托霍童溪便捷的对外交通，成为周边县、乡的经济贸易中心，也因此形成了街市和店屋。旧时的街市以石板条铺路，从街尾而上直至街头长达2千米多。街面店铺林立，衣食住行无所不包。如今的下街，仍保留约1千米长的古街，有些柜台还立在民居大门旁边，向游人述说着当年的繁华。与下街垂直相交的是三叉路，三叉路与安保巷相连，被称为“横街”。与横街垂直相交、形成十字交叉的街巷是企座头与四见坪，被称为“直街”。下街、横街与直街是霍童古镇的主街，横街与直街的交会点—三叉路口是最繁华的地段。其他街巷分别与主街或垂直相交，或回环交错。小巷较窄，一般仅容两人侧肩而过。

以古街区为中心，镇区街巷又不断往外延伸。下街北侧沿霍童溪延伸出东西向的中街与上街，横街与直街也往外发展成十字交叉的观霞南路、北路、东路与西路，各条新的主街又分出诸多小街窄巷。这种逐层外扩的格局，清晰地体现了霍童镇由小而大、由旧而新的发展脉络。

沿街巷布局的房屋比邻而建，看似自由发展，实际上却体现了以血缘为中心的家族聚居方式。各姓的民居分别以各自宗祠为中心展开布局，相对集中居住。民居中有以姓氏聚居的建筑群，当地称“某厝里”。其结构是数座住房比邻而建，只用一道照墙相连，设一个公共的门楼或门亭， 门楼大门一关，便成了一座城堡。在霍童，规模较大的有“黄厝里”“颜厝里”“陈厝里”等。

3. 古建鉴赏

（1）祠堂

霍童的宗祠很多，颜氏宗祠、方氏宗祠、章氏祖厅、章氏支祠、黄氏支祠保留比较完整。这些宗祠的建筑风格大同小异，布局为门楼、下厅、两庑走廊接上厅，前设半月池，形成完整的“天圆地方”的格局。有的还设“砚池”等，寓后世书香不绝。虽然它们已被修缮一新，原有的历史风貌受到破坏，但依然保持祠堂的功能。祠中供奉着本族历代先祖的牌位，祭礼极为隆重。

（2）民居

霍童传统民居主要有两种平面布局形式。一种是前店后宅式，一般位于街市之上。另一种是纯住宅式，一般以四合院为基本组成单元，入口门厅，中设屏门，正屋面阔五开间，两侧厢房或廊庑，内合天井。在此基础上纵横发展，形成多进的住宅，在地形许可的情况下左右灵活布置侧屋。由于地狭人多，民居以楼房为主。门厅多为一层，主楼二至三层。

民居的门楼一般以三到四跳的斗拱挑出木披檐，两边出墀头拱卫。门楣上既有灰塑、彩绘，又有匾额、对联、字句，气派中透着优雅，精美中蕴含文化气息。风火墙为青砖空斗墙，高高耸起的墙垛形如马鞍。建筑装饰以木雕和灰塑、彩画见长。木雕主要集中在大厅的梁枋间、雀替、斗拱、斜撑、屏门、窗户、神龛以及神主牌位等部位。灰塑、彩画主要体现在门楼与风火墙的墀头以及门楣、照壁等处。

霍童现存的传统民居以清代为主，少数明代遗构，保留了较为完整的明清风格。保存较好的民居基本分布在下街、横街、企座头与黄厝坪两侧。

下街99号陈宅建于清中期。平面布局为二进三开间，楼梯设在一进右廊中。大门门楼气派，挑出的木门楼雀替、三跳斗拱木雕精细，两边墀头拱卫，狮子绣球等灰塑立体生动。门额中书“瞻仰聚星”，背面额书“瑞蔼荆庭”，两边是动植物、人物等灰塑。由门楼进入室内，迎面是照墙，保证了住宅的私密性。左右两侧均有门进入内部，由庭院两厢的廊道通往厅堂。主厅堂为二层，高大开敞，采用抬梁、穿斗混合式木构架，梁枋间木雕形象生动。从住宅的二楼后窗凭窗远眺，可见群山连绵起伏，睡美人峰如在眼前。宅内保存道光年间的“选魁”“桂壶凝晖”、光绪年间的“梁孟高风”等多块古匾，二楼还有四张清代科举捷报。另有一扇隔扇雕刻极为精细，由于被主人拆下来得以保存完好。

三叉路8号黄宅建于清乾隆年间。平面为四进五开间，边厢部分受地形限制不完全对称。主体建筑的平面布局、梁架结构与下街99号陈宅相同。该宅建筑细部装饰精美，门楼保留较为完整，墀头的灰塑做工精细。一进屏门由四扇隔扇组成，隔扇木雕精细、繁复。大厅上的匾额“福膺天爵”为镏金大字。二楼厅堂神龛的木雕精细。二楼正中部分左右各开一圆窗洞，内嵌立体透雕，为莲花、水仙等花草造型；侧圆窗中设有“前后双面狮”镇煞。第三进屋顶正中设一瓦镇辟邪。

下街72号陈宅建于清乾隆年间。平面为三进五开间，第二进天井左右各设一木梯，后两进的厅堂后部有隐蔽的楼梯通往阁楼。该宅布局虽然有所破坏，但内部保留大量精美的雕刻。大门左右两侧各有一根木旗杆。门楼墀头的石狮、凤凰等做工精细。屏门上悬有嘉庆年间的“乡魁”“选魁”牌匾。第一进大厅有“淑德萱龄”“健顺合德”两块道光年间的牌匾。大厅二楼中部设一神台，两侧神龛的木雕极为精致细腻，雕刻层层叠叠，透视感很强。

（3）宫庙

早在梁大通二年（528），霍童就建有福建规模最大的道教鹤林宫（故址在宁德二中校舍之后）。据载鹤林宫分上下两座，有三间大殿，108根石柱。明嘉靖十三年（1534）被山洪冲毁，唯留上刻篆书“霍童洞天”、旁刻隶书“天宝敕封”的残碑一方。此碑是唐代遗物，现收藏于文昌阁中。

文昌阁建于清康熙三十七年（1698），后多次重修。该阁占地面积700平方米，坐东北向西南，由门楼、奎光阁、后殿组成。奎光阁平面呈八角形，高三层，八角攒尖顶飞檐翘角。

霍童镇具有悠久的历史文化积淀、优美的自然景观，并保留特色鲜明的明清古街，历史研究和旅游开发价值很高。

总体布局

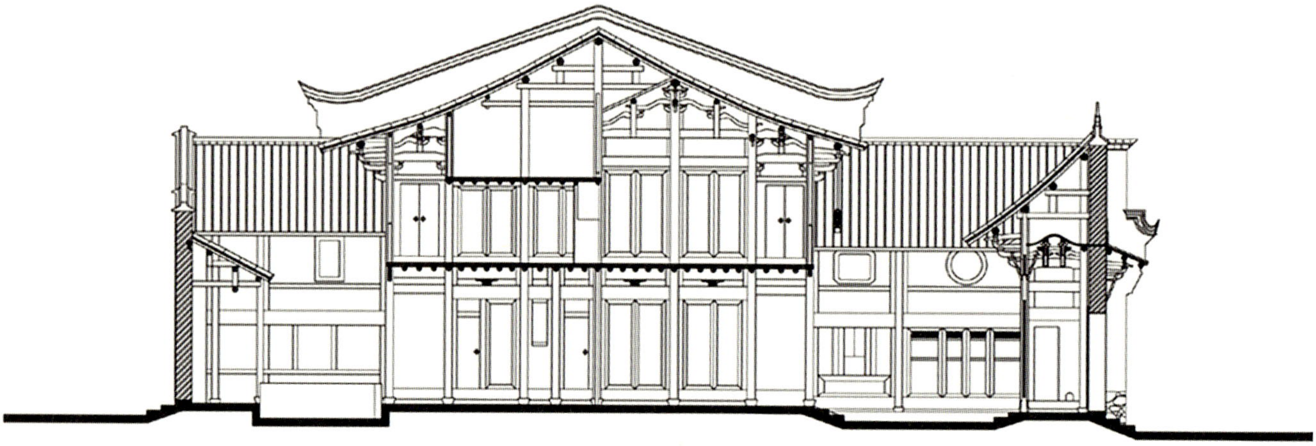

下街 99 号—剖面

⊙下街 99 号—立面

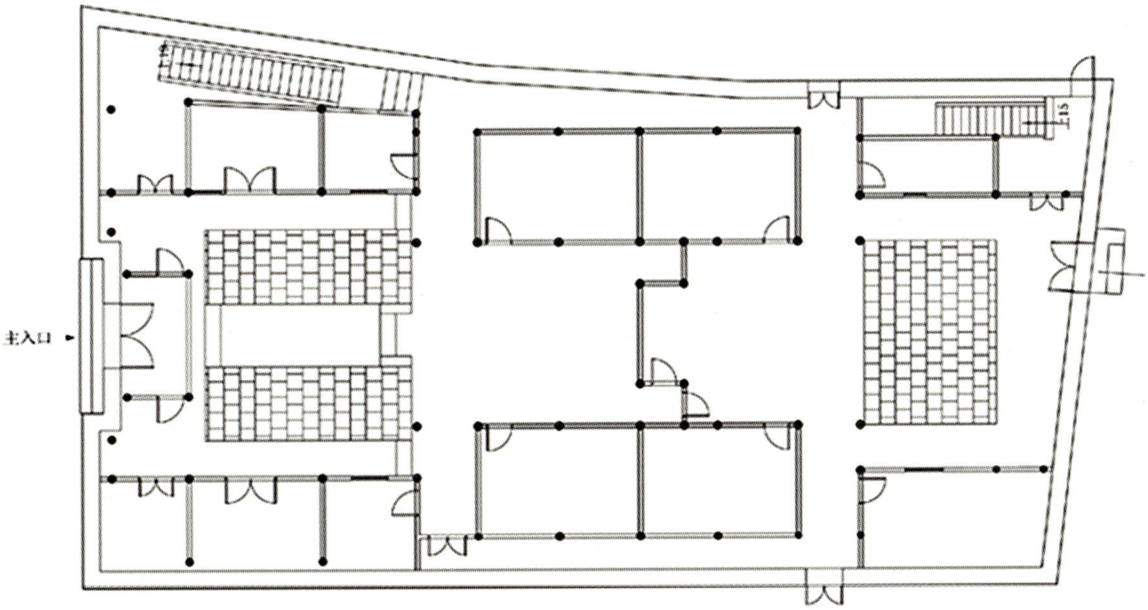

⊙下街 99 号—平面

霍童街景

⊙霍童寺庙

⊙宁德市蕉城区霍童镇

霍童街景

霍童民居

霍童下街黄宅屏门前悬道光年间“选魁”匾

霍童三叉路缪宅门楼灰塑

⊙霍童下街黄宅梁架

⊙霍童民居主楼

霍童民居入口

⊙霍童民居内景

⊙霍童三叉路黄宅大厅

⊙霍童民居大门

⊙霍童颜氏祖厅

⊙霍童下街黄宅入口

⊙霍童“第一洞天”村口亭

⊙霍童寺庙内景

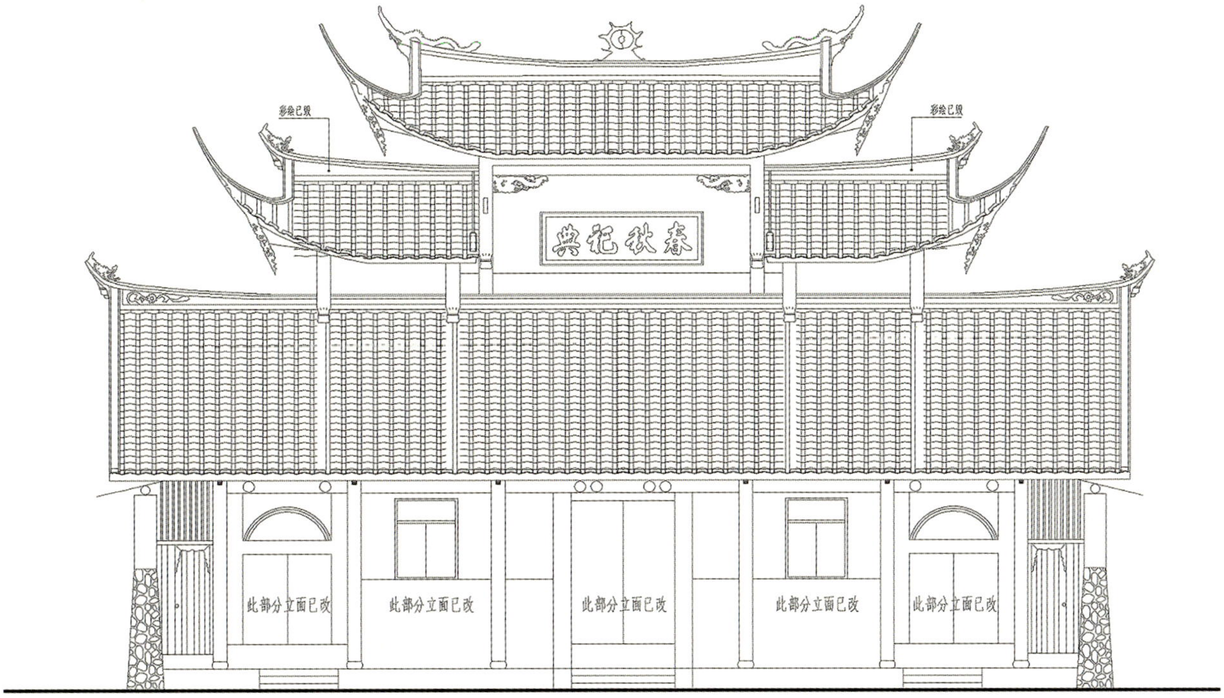

⊙陈氏宗祠立面

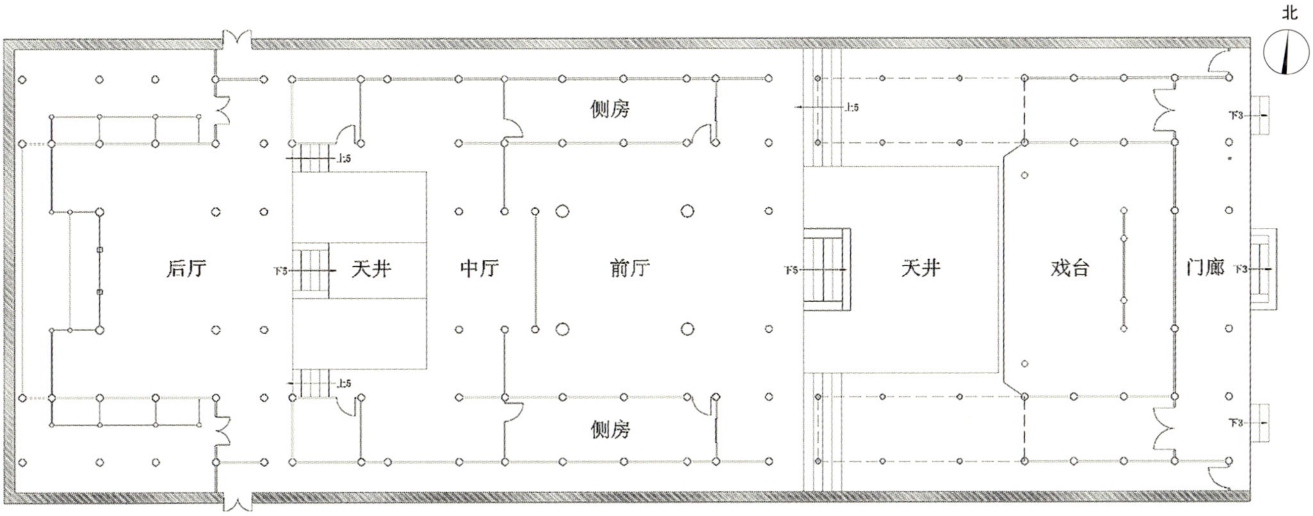

⊙陈氏宗祠一平面

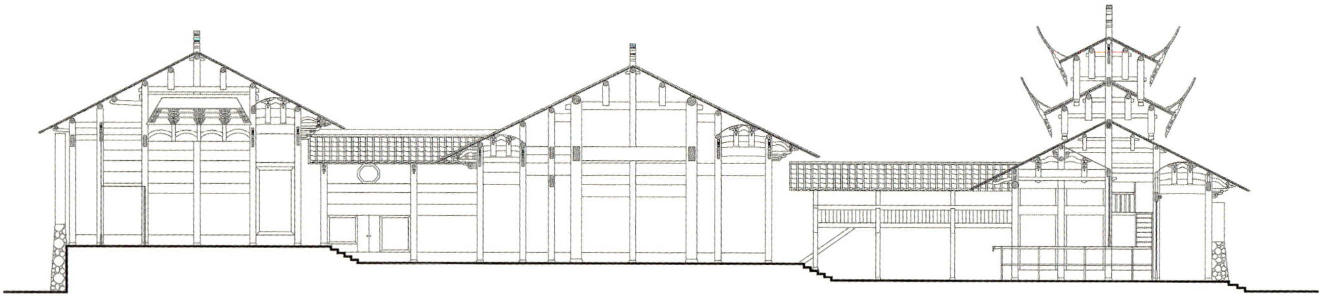

⊙陈氏宗祠剖面

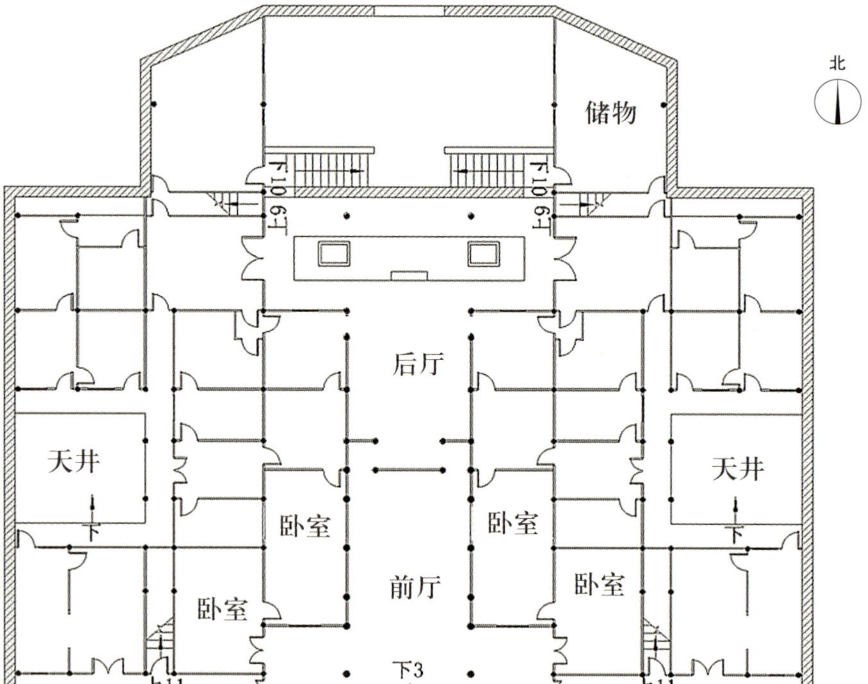

⊙就日瞻云—平面

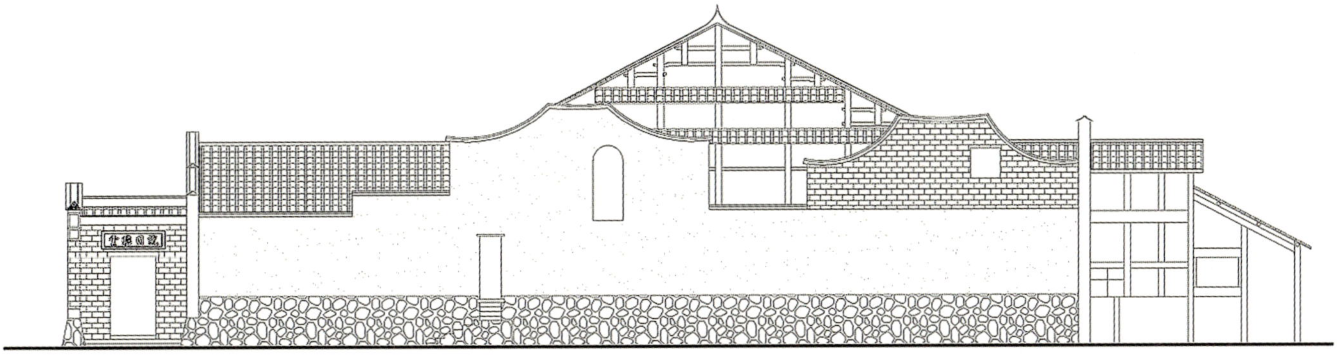

就日瞻云—立面

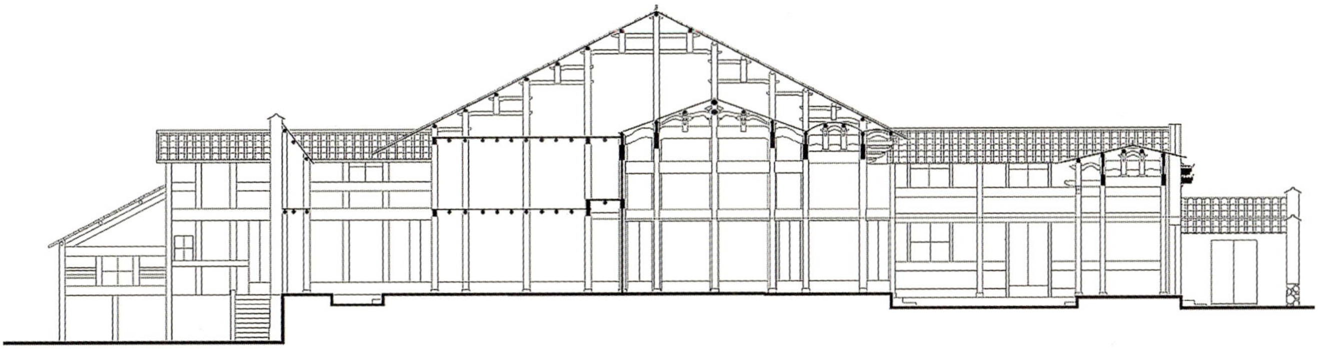

就日瞻云—剖面

⊙福安市廉村城墙门楼

⊙廉村后湖宫内景

⊙廉村古官道

⊙廉村街景

廉村街巷

廉村街巷

廉村“癸水”碑

廉村码头

⊙廉村陈氏宗祠

廉村陈氏支祠入口照壁

廉村民居内景

⊙廉村“甲算延龄”宅

⊙廉村“选魁”宅内景

廉村六祖禅室

廉村土地庙

⊙廉村妈祖庙

⊙廉村陈氏宗祠戏台

坦洋村

1. 历史概况

坦洋村位于福安市西北部，北与寿宁县接壤，距福安市区约30千米。

据目前所掌握的资料，坦洋村的历史从明天启年间算起，迄今不到400年。虽然历史不算悠久，但坦洋工夫红茶却驰名中外。1915年“坦洋工夫”在巴拿马国际博览会上获名誉奖，2000年“坦洋工夫”在北京中国茶文化国际研讨会暨展示会上荣获金奖。

福安是闽东茶区的主要基地。朱、胡、施、黄等诸姓先后在坦洋落户后，也开始开荒种茶，并使这个村落以种茶、制茶、营茶而走向繁荣。历史上有4条古道在坦洋交会，可东连社口，西接晓阳和寿宁的凤阳，北通寿宁的武曲，南路直驱县城韩阳。村中有坦洋溪与西溪相汇，水路运输方便。坦洋人捕捉商机，发展茶叶贸易，茶叶收购的范围方圆几百千米，畅销二十多个国家。清咸丰元年（1851）至1915年，坦洋工夫红茶发展达到鼎盛阶段。

茶业的兴盛带来了坦洋的繁荣。清代，沿坦洋溪两岸形成了繁华热闹的街市。每逢茶季，街上商人、茶农摩肩接踵。坦洋民谣“街灯十里亮天光，戏班连台唱通宵”，生动地描绘了当年坦洋热闹繁华的景象。

抗日战争时期，通往欧美、东南亚的海路被阻断，茶叶的主要销路被堵死，坦洋村也因此走向衰败。

2. 村落形态

坦洋村地处白云山东南麓的盆地，四周是海拔900米以上的白云山、刺岩石山、芦岔山、乾头山，坦洋溪由西向东贯村而过。正如《坦洋胡氏宗谱》所描述，这里“泉甘土肥，草木畅茂；群峰环列，一水中流”，“中开一坞，坦坦平平”，是农业社会理想的生存环境。

坦洋村沿坦洋溪两岸展开布局。溪南岸形成一条长约一千米的茶行街，称为老街，最盛时街上有36家茶行。溪北岸也形成一条新街，当时大城市所拥有的各个商业门类在这弹丸之地都能找到。老街与新街之间以三座拱桥相连。溪南岸的盆地比较开阔，民居主要向南岸的腹地纵深发展。整个村落呈现出长条形带状布局，上游靠西头为上街，下游靠东头为下街。

随着坦洋街区的繁荣和村民财富的积聚，护卫地方的工程得到加强。当年，从上桥头入口开始，绕过后门山，筑起一道长十余里的城垣。村中还修建了十二座炮楼，现还有两座保留完好。

如今有一条东西向的公路横贯坦洋村，村

落的中轴线已改变。新街随着茶叶贸易的衰落而衰败，昔日的繁荣荡然无存。老街的格局因道路改造与民房的扩建被局部破坏，所幸上街与下街的一些古街小巷被保留下来。下街从施氏宗祠至公路边的这一段茶行街现在还保留完整，街宽仅1~1.5米，鹅卵石铺就的路面古色古香。街道两侧传统建筑的门楼、风火墙此起彼伏，错落有致。下街通往横楼的巷道也相当精彩。小巷随着山坡升高，每隔一段距离就有几步台阶。巷中建有门楼，两侧的建筑随坡就势，步移景异，非常有韵味。

坦洋民居的分布体现了聚族而居的模式。胡氏宗祠位于上街，胡氏族人的住宅围绕它展开布局。施氏宗祠位于下街，周围分布着施氏族人的住宅。其他姓氏虽然未建祠堂，但民居的布局仍体现出家族血缘意识。如上街15号、25号等五座民居都是王氏的祖产，王家巷将它们连成一个相对集中的整体。巷道中建有几座“门头亭”，对外设一个总门楼，王家巷旁还建一座高大的炮楼。

3. 古建鉴赏

（1）祠堂

坦洋村现存胡氏宗祠和施氏宗祠。胡氏宗祠建于清光绪八年（1882），施氏宗祠建于清咸丰年间（1851-1861）。平面布局均为二进三天井五开间，由大门、门埕、门楼、戏台、天井、过厅、天井、大厅、后天井与东西两廊组成，戏台两侧还设有阁楼、看台与楼梯。大厅也称享堂，进深较其他各进都大，明间使用抬梁式构架，两旁为穿斗式。戏台、大厅天花中部做八角形藻井，以丁头拱承托，补间雕花精细生动。享堂中设神龛，两侧还设有神台供奉本族历代祖先的牌位。胡氏宗祠神龛做成重檐八角攒尖顶的亭式，施氏宗祠神龛为重檐歇山顶的亭式，雕梁画栋，镏金重彩，华丽大气。

（2）民居

坦洋现存传统建筑中保存最多的是清中后期的民居，保存较好的有25座左右。

坦洋民居主要有前店后宅的纵深布局和纯住宅两种形式。后者在四合院或三合院的基础上纵横发展，形成以二进、三进为主的住宅。民居以楼房为主，主楼最高为四层。屋顶出檐较深，楼房分层处设有腰檐，以保护墙面不受雨淋。风火墙造型多样，弓形和一波三折形最有特色。细长的木悬鱼装饰、精巧的墀头处理、细腻的窗扇木雕，构图巧妙，文化内涵丰富。

由于地形所限，坦洋民居的朝向多为坐东朝西。为了补救，往往在主体建筑前建门埕，在门埕转折朝南或朝北处设门头亭，也称“下轿亭”。如果无法建造门头亭，会把门开在建筑中轴线的南侧或北侧。这些做法客观上让民居的入口空间充满了变化。

上街25号王宅建于清道光、咸丰年间。平面布局为二进五开间双侧屋，坐西向东，一至三层。大门双墀头夹峙，两侧墙体做对称的弧形风火墙，门额中书“紫气东来”，墀头、屋脊水车堵灰塑彩画淡雅细腻。入口门厅，中设屏门，两侧厢房，内合天井。大厅屏风两侧门的上部设神龛，供奉祖先牌位。两侧侧屋各设一个内客厅与内天井，用于招待内眷、至亲。厅堂后部有夹层，作储藏之用，二层同样有夹层。一层大厅的枋间做补间雕花，工艺细腻。窗花采用阴雕、漏雕等手法，题材丰富，雕工精细。

上街28号郭宅建于清光绪年间。二进五开间双侧屋布局，住宅三层。主体建筑坐西向东，外门楼转折朝北。中轴线上依次为门埕、门厅、天井、大厅与后天井。侧屋各有楼梯通向二层平台。大门双墀头夹峙，墀头彩画淡雅清丽。门额中书“祥开日华”，左侧屋天井照壁书“少得佳趣”，后天井照壁灰塑“福”字，“福”上匾书“和气致祥”，文化气息浓郁。大门后中门上方的漏窗造型多样。风火山墙呈一波三折状，富有动感。背立面的山墙也呈弧线形，与整体的墙面形式统一协调。

上街118号胡宅建于清晚期。二进五开间双侧屋布局，坐东向西，侧屋根据地形除局部对称外略有变化。住宅一至四层，主体部分两层加上双夹层，大门两侧设通向二层的直跑楼梯。双侧屋分别设一个内客厅与内天井，北面侧屋有两开间。门楼三跌落式叠涩出檐，中悬匾额，门楣上蓝白彩画，墀头灰塑彩画，花草图案精美生动，色彩鲜亮。天井周围门楼二层漏窗造型多样，窗花木雕精美，造型生动。

（3）宫庙

坦洋现存的宫庙有天后宫、奶娘宫、猴王庙和林公大王庙，天后宫较有代表性。

天后宫始建于清道光三十年（1850），历代重修，但保留了原有的建筑布局与梁架做法。坐东朝西，中轴线上依次为门埕、大门、戏台、天井、大殿与后天井。戏台两侧设阁楼、看台。青砖门楼门楣上以青砖雕成的斗拱承托三跌落的小屋檐。戏台与大殿中做八角藻井，以层层出跳的斗拱承托，藻井底部枋间做补间雕花，枋上彩画鲜艳。偏殿窗花以龙凤题材雕成“福”字，构思巧妙。

（4）炮楼

坦洋炮楼建于清末，占地面积20平方米，四面坡攒尖顶，墙体用三合土夯筑。炮楼共五层，各层四面均设内宽外窄的枪眼。第四层除设枪眼外，四面墙体中部各凸出一个小间，各间外向开一枪眼。依墙设梯，旋转到四层，四层至五层另用小梯上下。高耸的炮楼是坦洋村的标志性建筑之一。

（5）真武桥

真武桥始建于清乾隆二年（1737），光绪二年（1876）重建，原为单孔木拱廊桥，1989年维修时改建成石拱，保留原桥屋。桥长40米，宽4.9米，桥屋17开间，两侧护栏，外覆风雨板，桥面铺木板。歇山屋顶飞檐翘角，两侧挑檩下的垂柱柱头刻成宫灯。桥中设神龛，祀真武大帝。该桥位于坦洋村水口，成为村落入口一道靓丽的风景线。

坦洋集茶文化、清代建筑与自然风光为一体，具有历史文化和建筑文化的价值。

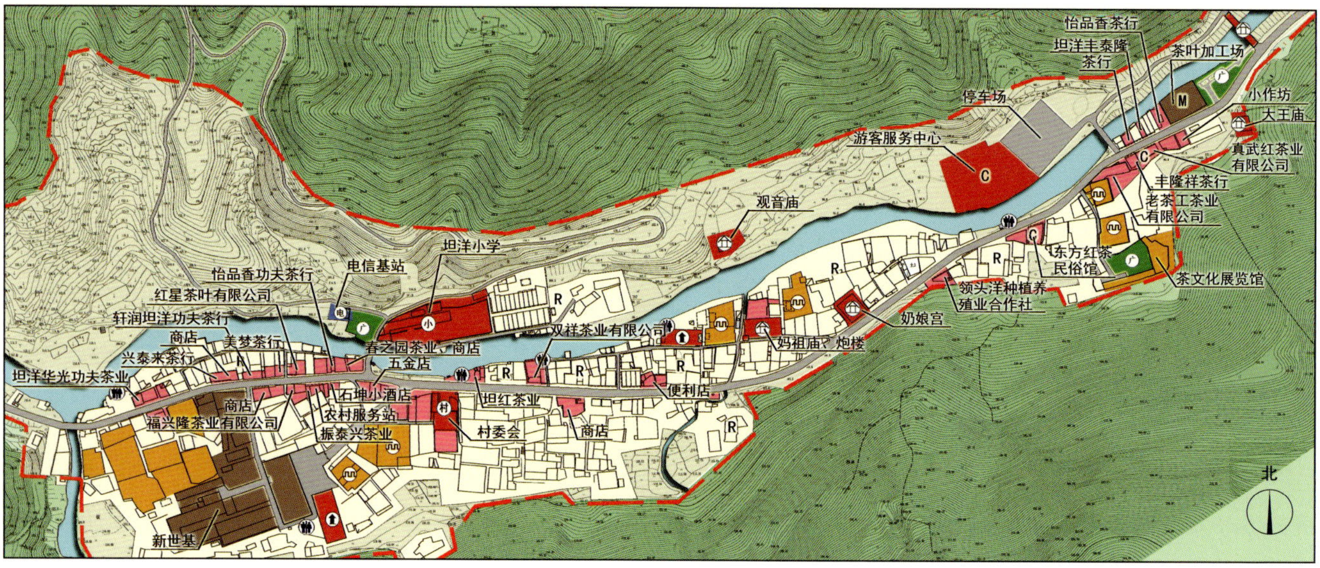

⊙总体布局

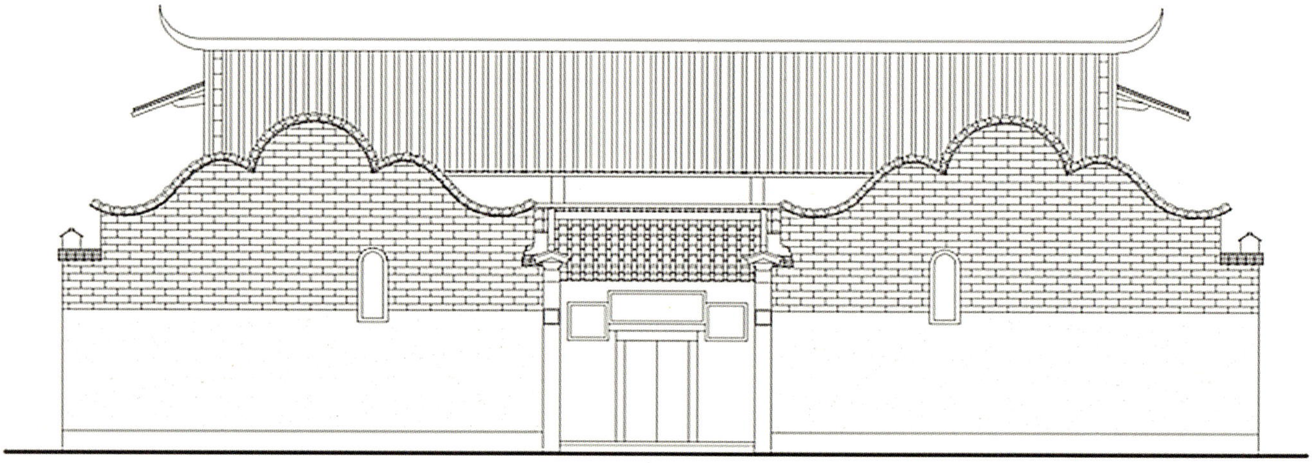

⊙上街 28 号—立面

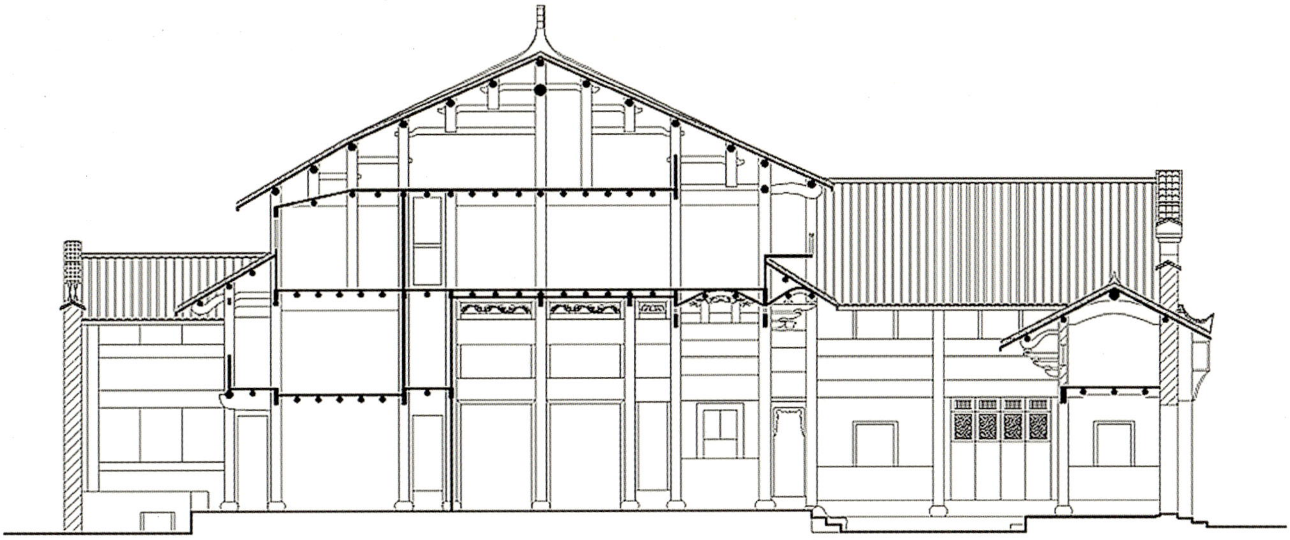

⊙上街 28 号—剖面

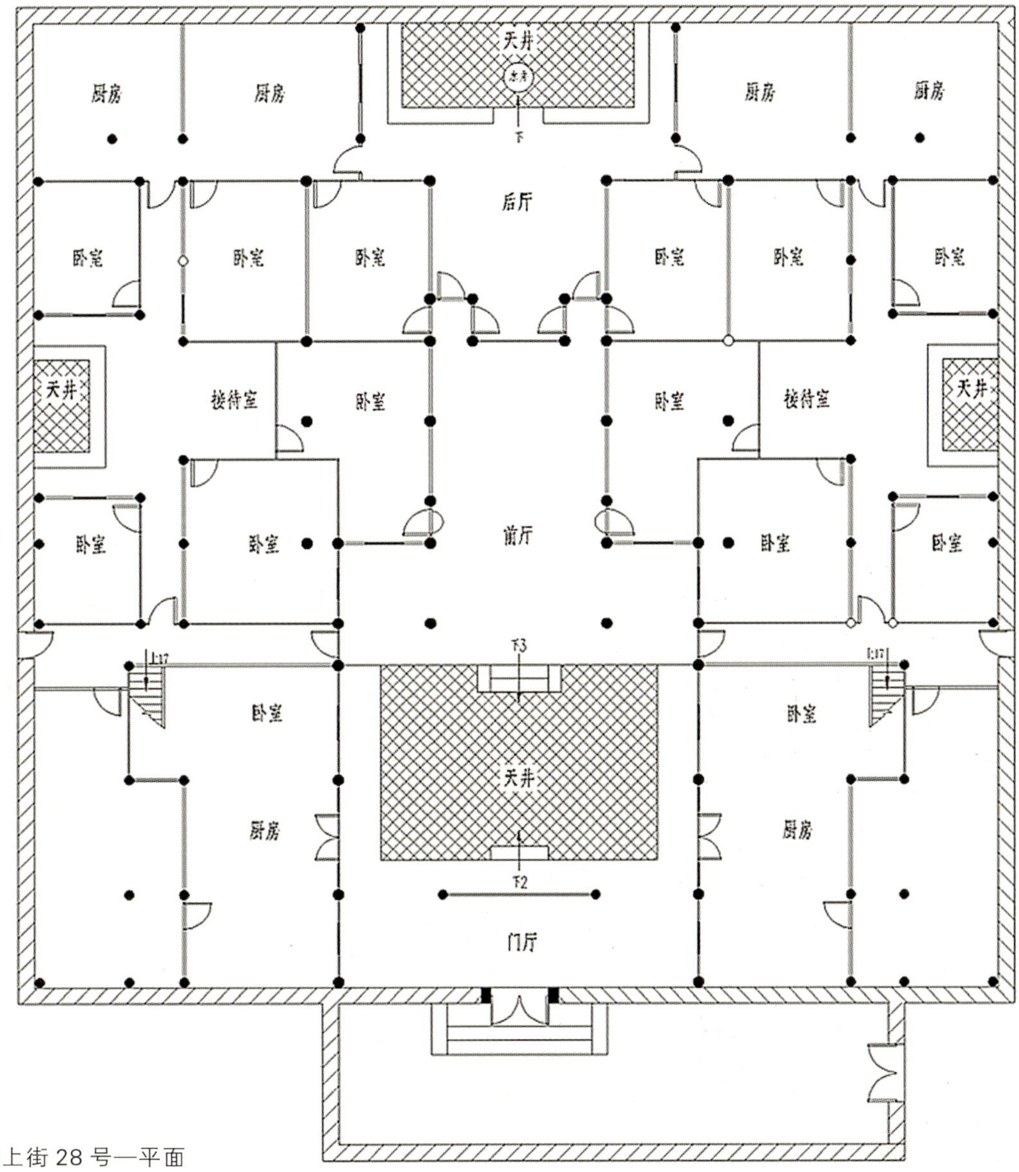

⊙上街 28 号—平面

⊙古老的红茶制作工艺

⊙坦洋炮楼

坦洋村“丰泰隆”茶行旧址

坦洋真武桥桥屋

⊙坦洋真武桥

⊙坦洋民居风火墙

培田村

1. 历史概况

培田村位于连城县西南方向大约20千米处，距319国道9千米，离国家重点风景名胜区冠豸山主景区35千米。

培田原称“赖屋”，可能最初是赖姓等姓氏移民的居住地。元至正四年（1344），由浙江迁徙至宁化的培田吴氏开基祖吴八四迁居宣和上篱（今升星村）。明朝前期，吴氏三世祖吴文贵举家迁到与上篱毗邻的培田建基立业。此后，吴氏家族日益兴盛，培田成为吴姓聚族而居的单姓村。明中叶以后，培田村民开始外出谋生，或是转向经营工商业。吴氏商人的经营范围不断扩大，逐渐形成了横跨东南数省的商业网络。经过数百年的艰苦创业，培田出现了经济发展、商贸活跃的盛况。

宋末至民国时期，培田村是汀州府通往连城、永安官道上的驿站。经济上培田又是汀州府、漳龙道之间的竹、木、土纸、雕板、盐、油、食品等商品物资的水陆中转站。村中古街最盛时有店面48间，衣食住行几乎无所不包，现仍有23间保存完好。

2. 村落形态

培田村坐落在武夷山南段支脉的松毛岭东坡山麓，西枕卧虎山，远迎笔架山，北面的龙山与南面的松毛岭遥相拱卫，河源溪似玉带环绕。村中的古建筑大多朝向东面和东南面。松毛岭挡住了寒流与霜害，笔架山防御着夏秋台风的侵袭，河源溪给村落带来丰足的水源。其村落选址不仅符合风水观念，更重要的是创造了一个自然和谐的人居环境。

村落的结构中心是一条南北走向的古街。古街长约两千米，虽然曲折却平坦无一台阶。古街西侧即靠山一侧大多是宗祠。连片的宗祠依山而建，以总祠郭隆公祠为最高点。古街东侧是非礼制的民居建筑，也顺着坡地错落有致地分布。从河源溪引入两条水圳，清澈的沟水穿街过巷，贯穿全村，是便利村民生活用水与木屋防火的绝妙设计。

培田古建筑群在明末清初已具规模，清咸丰至光绪年间达到鼎盛。其布局讲究，设计精巧，工艺精湛，是客家文化的重要组成部分。这些古建筑有着“起、承、转、合”的空间序列。村口当道的“恩荣”牌坊标识着村落的开始；进入古街，古民居鳞次栉比，此为“承”；从古街通向南山书院，即为“转”；来到村尾的“乐善好施”牌坊，标识着村落的结束。这一系列的建筑空间转换组合，使民居建筑、礼制中心、文化中心和园林绿化达到有机统一。

3. 古建鉴赏

培田古建筑群由30幢大宅、21座祠堂、6处书院、1条主要古街、2座跨街牌坊、4座寺庙道观组成。

（1）祠堂

客家人崇敬祖先，有着“求神不如敬祖”的理念，因此宗祠建筑必不可少，而且必定建造得精巧华丽。培田村有郭隆公、文贵公、乐庵公、在宏公、畏岩公、衡公、愈扬公、南邨公、锦江公、久公、隐南公等二十多座祠堂，数量之多、建筑之精实不多见。

衍庆堂是培田村中保存较完整的明代古建筑，由六世祖吴郭隆建于明景泰年间，清乾隆二十七年（1762）扩建为郭隆公祠，为培田村吴氏总祠。该宗祠占地面积约1860平方米，坐西北朝东南，二进五开间布局，置石狮、石鼓。正厅祀奉吴氏历代祖先牌位。厅内有阴刻“郭隆公祠”石香炉2只，还有神龛、谱案、相匣，均为明代遗物。后面的小庭院设有简易小厨房，是加工祭品的场地。正对着厅堂大门的是戏台，内雨坪左右两侧建有专供女眷看戏的戏间。戏间与戏台当中形成宽敞的庭院，既是培田人祭祀的空间，又是全村人喜庆娱乐的公共活动场所。

久公祠也称“敬承堂”，是培田最小巧精致的祠堂。该祠建于清光绪年间，占地面积约220平方米，二进三开间布局。门楼施五重斗拱，斗拱上浮雕彩绘，其中彩绘“三娘教子”“状元跨街”精细异常。大门前的廊庑外建石柱石门槛，内建木门槛，这种双重门槛的设计极为少见。廊庑左右画“麒麟送宝”“獬豸护法”，大门漆画门神。厅堂有举子“上京赴考”“状元及第”“恩荣跨街”等工笔彩绘，梁架、屏风、隔扇、柱头、神龛上布满镏金雕刻。

（2）民居

培田民居的类型有简单的三合院，有小型的四合院，有大型的九厅十八井。“九厅十八井”形式的布局是以三合院为基础，向前后发展成三进、四进甚至五进的空间，往横向扩展为横屋，横屋的每个独立单元多为一厅一井两房；横屋与主体建筑之间隔着狭长的天井，天井上设数个过水廊，过水廊可以建得比较宽敞，作为侧厅使用。门楼美观气派，有“三分厅堂七分门庐”之说。培田现存古民居的平面布局多采用“九厅十八井”形式，以继述堂、官厅、双灼堂以及济美堂、工房门楼、敦朴堂、如松堂、进士第较有代表性。

继述堂又称“大夫第”，是培田规模最大的民居。继述堂由吴昌同建于清道光九年（1829），历时11年建成。该堂占地面积约6900平方米，有18个厅堂、24个天井、108个房间。堂前的外雨坪有月塘和围墙。门楼高大宏伟，石刻对联“水如环带山如笔，家有藏书垅有田”，横批“三台拱瑞”，形象地描绘了周边环境之美和主人对耕读文化的追求。主体建筑为五进，中厅、大厅雕梁画栋，婚丧嫁娶、会客、议事往往在这里进行；后厅是主人生活起居的内宅；后厅之后的天井栽有花卉盆景。主厅堂两侧安排横屋，左边1列、右边3列。继述堂的建筑装饰非常精彩。无论是外雨坪中的一对石狮石鼓、两根纹龙旌表，还是门楼燕尾高翘的屋顶、檐下醒目的灰塑，或是厅堂的梁柱、穹顶、窗扇等处，无不精雕细刻。地板为“三合土”，由沙子、黄泥、石灰掺入少量的红糖、糯米夯实而成，至今仍然平整如一块大石板。

官厅原称“大屋”，是培田村接待来往官员的驿站。土地革命时期，这里是红军指挥机关所在地，红军长征之前曾在此召开最后一次重要的军事会议。官厅由吴纯熙建于明崇祯年间，占地面积约5900平方米，五进带横屋中轴对称式布局。前设围墙、半月塘、外雨坪。门前石狮把门，内外雨坪青石旌表矗立。门庐、下厅设有双重屏风。外门、内门、厅堂处额书“业继治平”“斗山并峙”“声扬天府”，更显得气势宏大。后厅为两层楼阁，楼下厅为学馆，楼上厅为藏书阁。官厅有四个特色。一是功能齐全：既是客栈、书院、图书馆，又是民宅。二是等级分明：用鹅卵石砌成双凤朝阳图案的甬道，只有达官贵人才能行走；中厅砌“三泰阶”（俗称三字阶），五品以上官员方能在此入座。三是色彩协调：室内暗部多用蓝、绿色彩，显得庄重肃穆；亮部饰以朱红色，显得热情洋溢；梁托、窗雕等重要部位镏金，显得富丽堂皇。四是工艺精湛：屏风、梁架、窗扇等采用透雕、浮雕等技法，工艺之精可列全村之首。如中厅隔扇“丹凤朝阳”“龙腾虎跃”“王侯福禄”“孔雀开屏”均为九重镏金透雕，精美绝伦。

双灼堂在培田古民居中建筑最精湛。门庐横批“华屋万年”，藏主人吴华年名字于头尾。该宅建于清后期，占地面积约1320平方米，四进三开间带横屋对称布局。主要特色有两个：一是别具一格的前方后圆围拢屋式平面，后厅之后的横向庭院即围拢屋的后龙，设1厅10房；二是建筑装饰考究。厅堂的屏风、窗扇、梁头、雀替等部位精雕细刻，图案惟妙惟肖、含义深刻。如堂前8块窗扇上每扇浮雕一个字，连起来为“孝、悌、忠、信、礼、义、廉、耻”。

（3）书院

培田历史上有过18座书院、私塾和学堂，现存书院以南山书院和容膝居最有特色。

明成化年间，吴祖宽创办“石头丘草堂”，开河源十三坊书香之祖。大门有联“距汀城郭虽百里，入孔门墙第一家”，为明代兵部尚书裴应章所书。清乾隆三十年（1765）改作南山书院，宁化名儒曾瑞春、福州名士邱振芳曾在此任教。从书院创办至光绪三十一年（1905），在此就读步入仕途的有19人，国学生、贡生、秀才等170人。

（4）牌坊

村口“恩荣”牌坊和村尾的“乐善好施”牌坊，建于清代后期，均为四柱三间五楼石牌坊。坊脚前后的夹柱石上雕刻祥云和狮子图案，造型古朴，线条简练。“恩荣”牌坊是清光绪皇帝赐建给他的御前三品蓝翎侍卫、武进士吴拔祯的。“乐善好施”牌坊是咸丰年间吴昌同因筹集军饷有功而获准所立的。两座牌坊遥相辉映，显示着培田村文武竞秀、积善济人的辉煌历史。

培田被誉为“辉煌的客家庄园”，成为不同领域的学者研究客家文化的标本。

⊙培田村外景

⊙培田村总平面图

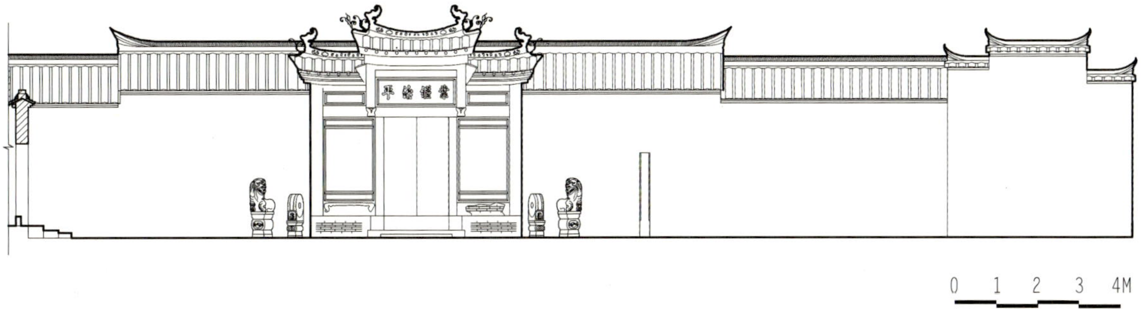

连城培田官厅立面图

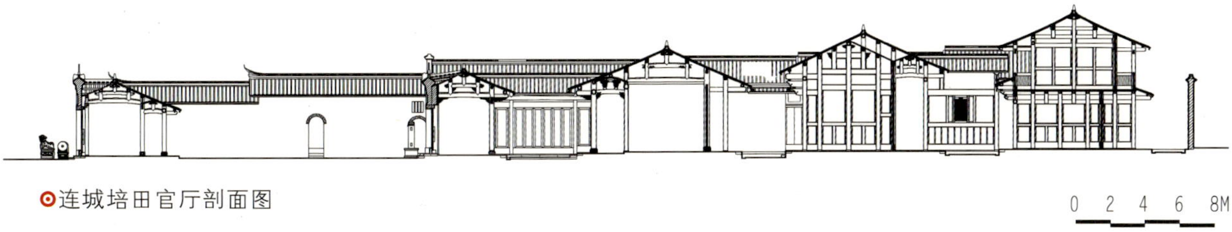

连城培田官厅剖面图

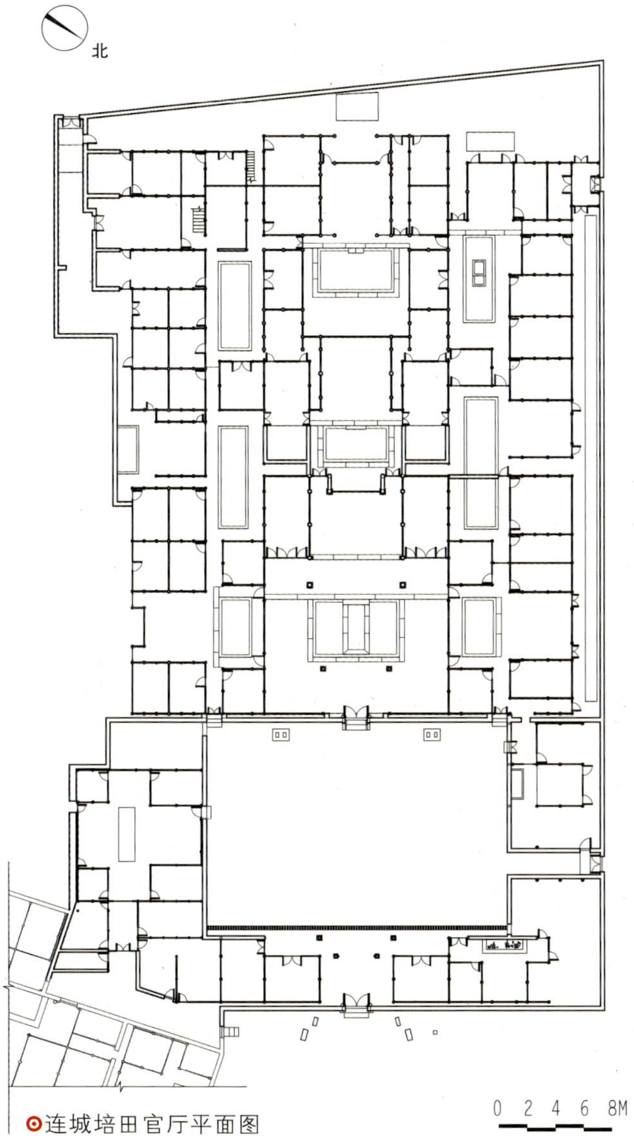

连城培田官厅平面图

连城县培田村“锄经别墅”

同昌飯廳
水如環帶山如筆

⊙培田官厅二门

⊙培田“容膝居”

⊙官厅内景

⊙培田“进士第”

培田木雕细部一

培田木雕细部二

培田木雕细部三

隔扇木雕“礼、义、廉、耻”

⊙培田村口恩荣牌坊

⊙培田民居门楼

芷溪村

1. 历史概况

芷溪自然村位于连城县南部，东邻庙前镇，南接丰图村，西连上杭县南阳镇，北靠新泉镇，距连城县城52千米，距龙岩市区65千米。319国道穿过村落，距高速公路新泉出口3千米。

芷溪是个大村落，包括芷溪、芷红、芷星、芷民、坪头、芷联6个行政村。北宋以前，邱、华两姓客家人就定居于芷溪。宋末元初和明成化年间，杨、黄两姓客家人先后到此开基。现芷溪人以黄、杨两姓居多。

明代以前，芷溪以农耕经济为主。由于人多地少，许多人外出谋生，多从事商业活动，经商致富殷实之家不少。对外经商活动的成功带动了芷溪本地商业经济的发展。尤其是清康熙时期，随着朋口至新泉、新泉至上杭、潮州的航运开通，芷溪的商业发展到鼎盛，成为连南一带商业中心之一。繁荣的商业经济活动也发展了拱桥店、凉棚街、三角坪和十字街等几条繁华的商业街，如今拱桥店、十字街依然是芷溪的商业活动中心。

芷溪村的民俗活动和民间文艺很有特色，如正月游花灯、立春游春牛、“四月八”抬菩萨、汉剧团、十番音乐等，颇具客家风情。

2. 村落形态

芷溪村坐落在群山环抱的小盆地上，东面连绵起伏的桃源山是村落的坐龙，南北两侧的山势较低，成为青龙、白虎两山。芷水由东南向西北蜿蜒穿过村落，芷水西岸的小山包成为芷溪的朝案。村落背山面水，形成山环水抱、负阴抱阳的风水格局。

芷溪的建筑布局体现了聚族而居的血缘特色。黄、杨两姓的先祖分别在村落东面的桃源山、南面的背头山麓建宅立基，他们在地势较高之处奠定了祖祠的基址，并以此为基点，向地势比较平坦的地方发展。随着人口的增加，支祠、分祠不断营建，村落的范围也不断扩大。从今天的聚落布局看，芷水东岸的芷溪、芷红、芷星主要是黄、杨两姓的聚居地，芷水西岸的芷民村是邱姓的聚居地。

芷溪的路网错综复杂。一条曲折的南北向的街道横穿全村，三条东西向的街道与横街相交，但有的街道在相交时有所错位，形成了两个“十”字街口与三个“丁”字路口。其余的街巷以这几条主街为中心，或平行，或以不同的角度交叉，呈现出复杂的网络状。如果没有当地村民引导，外人很难不迷路。最长的是东西走向的沙圳巷，长约五百米，曲曲折折贯穿芷红大半个村子。巷宽仅一米左右，两边是密集的住宅，户户相连，风火墙耸立，抬头仰望有一线天之感。

芷溪主要街巷边必伴有水圳。水圳主要有两

条，南北走向的石寨陂水圳引自芷水，水流量较大；东西走向的茶山口大水圳引自山泉水，比较清澈。它们或流经各家各户的门前，或流经农田与菜地，最后汇入芷水的水尾，作排洪、灌溉、消防、洗涤之用。

3. 古建鉴赏

（1）祠堂

芷溪的宗祠有74座之多，目前尚存40余座，一部分建于明末清初，多数建于清朝中叶。其形制有两种：一种是纯粹的宗祠，仅用于祭祖联宗；另一种是祠居合一的建筑，中轴厅堂为宗祠，横屋为住宅。建筑形式以“九厅十八井”为主，门楼的设计精美，内部装饰考究，祠内四壁挂有书画。典型代表有澄川公祠、黄氏家庙、翠畴公祠、杨氏家庙、杨辉公祠等。

黄氏家庙属于第一种形制。黄氏家庙也称“庚福公祠”，是芷溪黄姓开基始祖祠堂，始建于清顺治十三年（1656），嘉庆元年（1796）重建。占地面积约620平方米，坐东向西，由半月塘、雨坪、门楼、下厅、大厅组成，外围以围墙。上厅和下厅两侧各有回廊连接。上厅面阔五间，进深二间，神龛上额悬挂“木本水源”牌匾，两侧各一厢房。该祠有两个门楼，外门楼朝南，为八字石门楼，七屋顶跌落；内门楼为木牌楼，三跌落歇山顶以层层叠叠的斗拱承托，两朵斗拱之间施横板，板上有彩画。门楼屋顶两翼灰塑鳌鱼、卷草等，灵动活泼。门前有石狮、石鼓。祠内梁架用料较大，月梁两端部雕刻花草等图案，施以彩绘。石柱础上高浮雕琴棋书画、暗八仙等题材。门厅天花板上彩画、神龛两侧壁画和大厅两壁板上的壁画色彩鲜艳，形象逼真。

翠畴公祠是祠居合一建筑的代表。建于清光绪十八年（1892），历时七年竣工。占地面积约900平方米，建筑主体坐东向西，门朝南。中轴由半月塘、雨坪、门楼、门厅、大厅组成，两侧各有一列横屋，侧后方有花园、鱼池、亭台等，还有专门用作子弟读书的学堂。厅堂面阔三开间，用于祭祀，横屋居住黄姓本支的后人。该祠有砖、木两个门楼，其做法以及祠内灰塑、彩画、木雕等装饰与黄氏家庙有异曲同工之妙，但细部更精巧，工艺更精湛，保存也更完好。如下厅八块隔扇的木雕，以龙凤蝠鹿寿喜等图案烘托，用双龙组合出“千秋享祀”“百世流芳”的字样，令人拍案叫绝。

澄川公祠建于清道光三年（1823），占地面积约450平方米。该祠的石牌楼为芷溪一绝。门楼六柱五间五楼，屋顶以石雕斗拱承托出檐，每层斗拱中隔一条石板，雕刻花鸟、山水等。屋顶翼角有石雕鳌鱼、凤凰。明间嵌匾额“澄川公祠”，匾额下额圆雕双狮戏球，上额浮雕五组历史典故，左右两侧是天官与寿星。两次间分别额书“流芳”、“衍庆”，上下额与雀替均雕刻“凤舞牡丹”。整座门楼设计精巧，雕工精湛，展示了芷溪石雕的最高工艺水平。

（2）民居

芷溪传统民居的布局多为“九厅十八井”形式， 三合土铺地，外墙体采用青砖，屋脊的灰塑精美，不少民居的大门建成牌楼，显得富丽堂皇。中国传统民居朝向讲究坐北朝南，而芷溪民居由于地形所限，朝向多为坐东向西。因此往往将大门转折开向南面，创造出丰富多变的入口空间。

芷溪现存较好的古民居有60座左右，绝大部分是清康乾以后的建筑。其中保存状况最好、最有技术与艺术价值的有集鳣堂、凝禧堂、绍德堂、培兰堂、慎修堂、敦安堂、乔荫堂、永裕堂、怡庆堂、宝善堂等。

集鳣堂也称“渔溪公屋”，建于清康熙六十一年（1722），占地面积5356平方米。主体坐东向西，大门朝南，门前立一对旗杆石。主体建筑由雨坪、门厅、下厅、大厅与后堂组成，两侧各有2列横屋，共有大小房间101间。设有内学堂和外学堂，供子弟学文、习武。原来还有后花园、假山、池塘等，现已不存。外门楼为八字石构，三屋顶跌落，门额上的匾额题“南离辉映”，每字故意缺一笔。内门楼门脸用青砖砌筑，门框、门额石构，匾额题“白环世守”，周围饰以红砖透雕的铜钱纹，青红色彩对比鲜明。梁架用料硕大，雀替、卷棚托座、窗花、神龛的木雕题材各异，工艺精美。柱础有镜鼓状、方形、南瓜形、八边形等多种造型。厅堂匾额“集鳣堂”为清代名士邱振芳所题，还有书法家伊秉绶题写的12块寿屏，林则徐、何绍基等名人题字，艺术价值较高。

凝禧堂建于清光绪年间，坐东向西，大门朝南，主体由倒座、雨坪、下厅、大厅与后厅组成。凝禧堂与务本堂由父子共建，两宅由1列横屋相连，另一侧各有1列横屋。细部考究是凝禧堂的一大特点。该宅有两座门楼，均为青砖八字门楼，三屋顶跌落，屋脊翼角飞翘，檐口饰以灰塑、彩画。门脸以青砖斜砌，石构门额浮雕“锦上添花”“四季平安”等图案，匾额题“南山秀拱”，周围饰以红砖透雕的铜钱纹与柳条纹。月梁两端部、雀替等部位深镂雕，立体感强。卷棚以拱形竹节椽支撑，造型别致，花篮托座透雕精美。大厅与下厅廊前双柱使用八角形石柱础，高浮雕“暗八仙”与四季花卉。

绍德堂建于清嘉庆年间。主体由倒座、下厅、大厅与后厅组成，倒座前是宽敞的雨坪，两侧有2列横屋。主体建筑坐东向西，大门朝南。入门首先看见的是做工精美的照壁。第一进是书院部分，书院围绕着宽敞的前花园，空间相对独立。雨坪南北两侧各设一道琉璃花窗镶嵌的照墙，照墙后为花厅。八字形砖雕门楼额书“南极辉映”，匾额周边红砖雕刻柳条纹，门首两侧为青砖龟田纹，色彩冷暖相映。大门的铜铺首状如层层相叠的莲花，甚为别致。大厅次间的窗花镂雕与浮雕相结合，蝙蝠捧寿的图案异常精美。

培兰堂建于清光绪年间，主体建筑坐东向西，由倒座、雨坪、下厅与大厅组成。由精美的南向门楼进入门厅，首先映入眼帘的是带有伊斯兰风格的隔墙门洞，门洞为火焰形，两侧设小券门。狭长的雨坪尽头为绿色琉璃照墙。照墙、门洞与门楼之间形成良好的框景效果。雨坪东西两侧分别为下厅和侧厅。倒座之前另有一座相对独立的书院。该宅青砖八字门楼的细部处理极为精彩。门楼屋脊灰塑鳌鱼、麒麟、凤凰，檐下彩画“二十四孝”，屋顶与门额夹角处灰塑山水、建筑。门脸砖雕“四季平安”图案，石构门额浮雕“凤舞牡丹”。额书“倚斗歌薰”，匾额周围以透雕“寿”字的彩色砖为饰，色彩鲜艳。

（3）书院

茳溪崇文重教历史悠久，明朝中叶就开办“桃源精舍”，清代又有多所书院建成。宗祠和民居中也附有内外学堂。内学堂学文，外学堂习武，或者内学堂用于培养本家子弟，外学堂用来培养族内无力延师授课的子弟。现存比较完整的书院有蹑云山房与三荫堂。

蹑云山房建于清同治年间，为园林式布局。由入口经过一段游廊，是一道带有圆洞的照墙。转入圆洞进入建筑的主体，厅堂三开间布局，前为天井、雨坪和宽阔的池塘。从雨坪往里走，是一座假山、过楼。假山后原有池塘和拱桥，现被填平为雨坪。其后是雅致的书楼，为两层的小四合院，二楼墙壁上有大量的壁画和书法，充满浓郁的书香。书院旁是一个幽静的小花厅，花厅的两次间做成“雪洞”之状。

茳溪村的古宗祠、古民居具有独特的风格和丰富的内涵，是研究和弘扬客家文化的活教材。

⊙总体布局

⊙黄氏家庙—立面

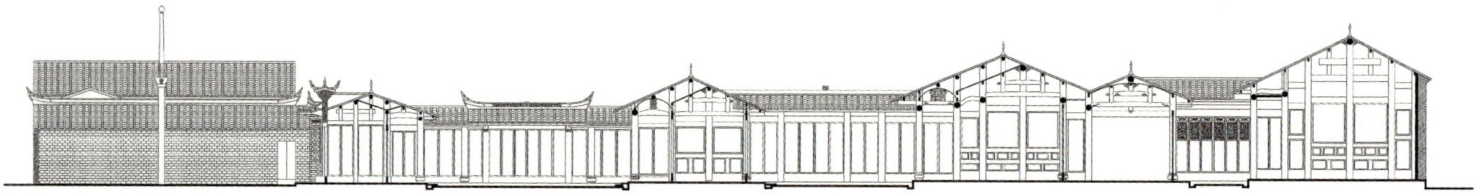

⊙集鳣堂—剖面

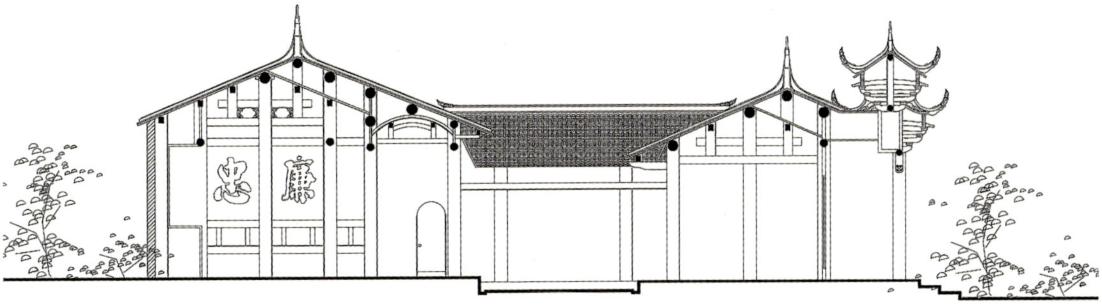

⊙黄氏家庙－剖面

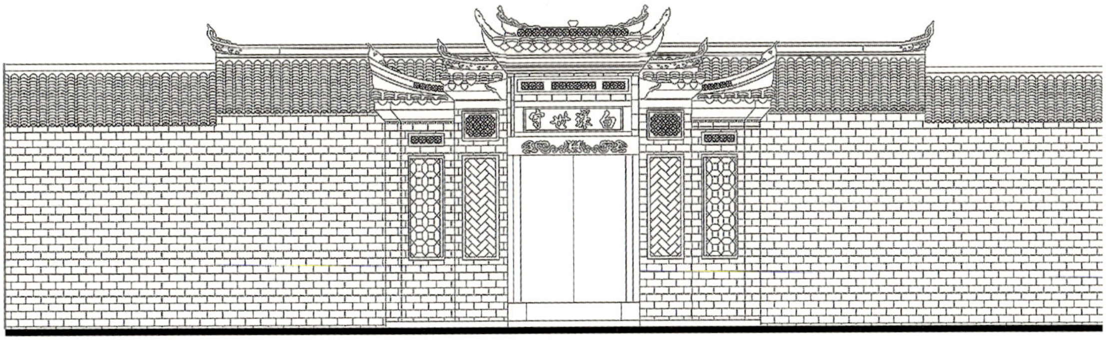

⊙集鳣堂—立面

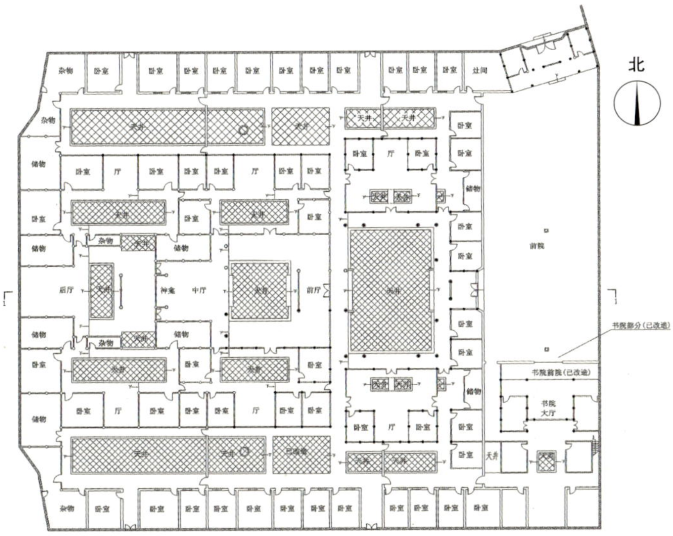

⊙集鳣堂—平面

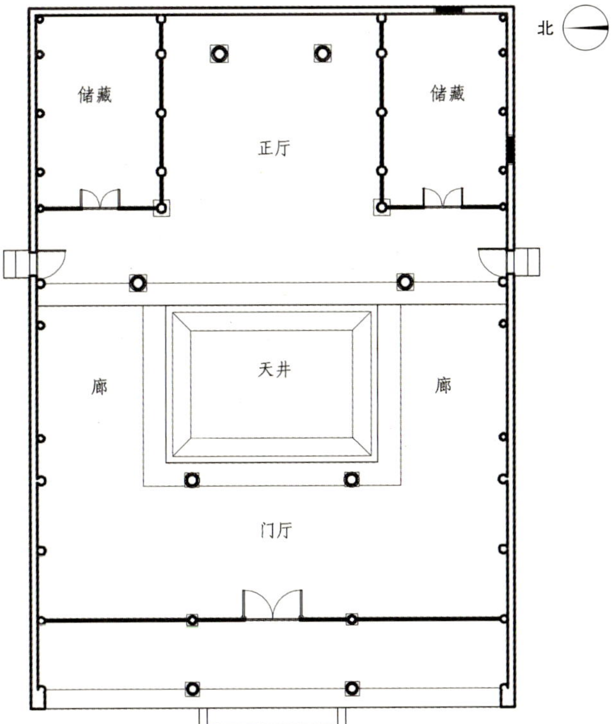

⊙黄氏家庙－平面

连城县芷溪村街巷

芷溪翠畴公祠

芷溪黄氏家庙

⊙黄氏家庙内景

⊙黄氏家庙藻井

⊙芷溪怡庆堂门楼

⊙芷溪集𩽾堂

⊙芷溪澄川公祠石牌楼

芷溪培兰堂门楼

芷溪民居木雕隔扇

芷溪培兰堂

三洲村

1. 历史概况

三洲村是三洲乡政府所在地，位于长汀县城南部34千米处，东与涂坊镇毗邻，南与濯田镇相连，北靠河田镇，西临汀江。距高速公路河田出口7千米，距319国道和河田火车站10千米。

三洲的历史可追溯到新石器时代，《长汀县志》有“未有汀州，先有三洲”的记载。三洲的开发与发展与中原移民的入迁有很大关系。最早有七姓先民迁入，后有温氏等姓入住，唐末戴氏先民从江西迁居至此，明代又有黄氏迁入繁衍。现三洲村民中有三分之二是戴姓，其余多为黄姓。

三洲古为汀州府重要的商埠码头。依托汀江繁忙的航运功能，三洲“日见船帆不断，夜泊船桅成排”，成为闽粤赣边界重要的水上交通枢纽与货物集散中心。三洲也是上杭至长汀官马驿道的必经之处，明代设立的三洲驿与临汀驿、馆前驿成为当时汀州府的三大驿站。重要的地理位置和便利的交通条件，使三洲逐渐形成集镇规模，南宋时已有三洲圩，明清发展到了鼎盛时期。集镇内形成繁华的上街和下街，两边商铺林立，商客、乡民云集。如今随着汀江河床的抬高和公路交通的发达，三洲水陆交通枢纽的地位已基本丧失，村民以农耕为主。

土地革命时期，毛泽东、朱德亲自在三洲设立了“永红乡”，成为闽西苏区的一面旗帜。现三洲保存有毛泽东旧居、永红乡苏维埃旧址、三洲区苏维埃旧址、红军标语、烈士墓等革命史迹。

三洲的民俗活动充满客家风情，如正月半迎花灯、六月半抬菩萨、花灯锣鼓（俗称“挑一担”）、山歌文化等。

2. 村落形态

三洲地处河间盆地。南山河与汀江的汇合处形成丁字形，将陆地分隔成三块，三洲村以东北块为基址发展起来。村落坐东北向西南，背后有主山为靠，两侧有山势较低的护龙，前有宽阔的农田，汀江与南山河蜿蜒流过，远处山丘起伏隐现。北高南低的地势既能减缓冬天北风的侵袭，又能收纳夏天南风的吹拂，是一个理想的安居之所。

三洲村中的建筑沿着山水之间的缓坡地带布置。村内的上街和下街统称老街。老街呈曲尺形，长约百余米，街宽1.5~2米不等，上街为南北走向，从三角店开始街道拐弯为东西走向的下街。其他街巷以老街为主干，随着民居的增加主要往南、往东发展。上街以北主要是黄姓聚居地，民居布局基本围绕黄氏家庙展开。上街以南主要是戴姓聚居地，这里分布着十几座戴氏的祠堂，各房的民居以本支系的祠堂为中心展开布局。在戴姓的聚居地当中，穿插了俞、温、邱等姓的住宅，也分别以各自祠堂为中心形成一个个小组团。

元末，为防兵患匪患，怀远将军戴应寿发动村民修建了城墙和6处城门，并在村中建造鼓楼、文昌阁。至今三洲一些地名还仿照城池的叫法，如城墙坎下（即城墙根）、东门、南门、西门。城墙与城门直到上世纪60年代末才陆续被拆除。现仅存南城门和西南方向的部分墙基、墙坎，依稀可见昔日风貌。

3、古建鉴赏

（1）祠堂

三洲现存的祠堂不少，其形制有两种：一种是纯粹的宗祠，如戴氏家庙、黄氏家庙；另一种是由民居改造发展而来的祠居合一的建筑，如咸熙祠、庆腾公祠。

戴氏家庙（即明德堂）是戴氏的总祠，明代始建，清代重建。占地面积332平方米，单檐硬山顶，由门埕、门楼、下厅、上厅组成。上厅明间抬梁式木构架，次间硬山搁檩。大门为八字五间五山跌落的砖质牌楼式，中间三开间正向，尽间八字开。门楼梁、柱、枋由红砂岩构筑，楣额间灰塑，中额书“戴氏家庙”。下厅两侧风火墙五山跌落，上厅风火墙七山跌落，翼角飞翘，鳞次栉比。该祠是台湾戴氏后裔返乡谒祖的重要祠堂。

（2）民居

三洲传统民居基本采用“九厅十八井”的合院建筑布局形式。小型民居一般是二进厅堂加1列或2列横屋，如“紫薇启瑞”宅。大部分民居是三进厅堂加1列或2列横屋，如新屋下民居。大型民居一般是四进2列的布局，如“亨衙直生”宅。三洲民居的艺术特色主要是通过门楼、风火墙和细部雕刻展现出来的。尤其是恢宏大气的砖质门楼和优美多变的风火墙，具有浓郁的客家建筑风格。

三洲现存的古建筑中数量最多、规模最大的是民居建筑。其中保存状况最好、最能体现当地建筑特点的民居有新屋下、风火屋、“聊可自娱”宅、“亨衙直生”宅、“礼门贻矩”宅、“藜照垂青”宅、“谯国名家”宅。

新屋下民居建于明正德八年（1513），后有修葺。占地面积715平方米，坐西北朝东南，主体由外门、门埕、门厅、大厅与后楼组成，左右各有1列横屋，后楼二层。门厅三开间通透，未施隔断。大厅面阔三间，进深八柱带卷棚式前步廊。木构件特别是垂莲柱及雀替的雕刻刀法流畅，做工精细。二门做成三山跌落的门楼，石门楣阴刻“绪缵谈经”。

“聊可自娱”宅建于清道光年间，平面为三进三开间右侧横屋。该宅的空间格局和细部装饰很有特色。门厅、大厅明间一层，次间有二层阁楼。后楼二层，面向沿街的后部做成骑楼，带有西式风格。横屋二层，天井中做过亭，天井边做美人靠。宅内花窗造型多样，花纹处理巧妙，有的在窗中嵌入“喜”“寿”“福”字，有的漏窗做成对联“宜交尽鸿儒，丰时无白丁”。大门上做三山跌落的门罩，中额书“聊可自娱”。

（3）宫庙

三洲现存宫庙建筑较多，既有佛教寺庙东林寺、回龙庵，也有道教与民间信仰的庙观圣帝庙、文昌阁、东宫庙、西宫庙、北宫庙等，还有纪念先贤的安公庙、三闾大夫庙。

圣帝庙始建于清代，1992年重建。该庙前殿供奉关公，后殿供奉孔子，充分反映了三洲人崇文尚武的精神。

东林寺始建于明嘉靖年间，屡毁屡建。现建筑为上世纪90年代重建，但柱础为清代原物，寺内4尊神像历经四百余年未损坏。

（4）书院

三洲历史上曾经创办多所书院，如三间大夫庙就曾是蒙馆学堂，“壁峰别业”曾为清代学堂。一些豪富之家还在宅中设置书院、学堂，如“礼门贻矩”宅。

“礼门贻矩”宅建于清道光年间，平面为二进三开间两侧横屋。门埕的右侧有一个花厅，作为族内子弟晚间学习的场所，宽阔的门埕则是子弟习武的地方。该宅的左侧附建一座三开间的四合院。天井中设过亭，将门厅、大厅连成一体，便于教学使用。这是宅主人为培养族中子弟而设的学习场所，也是教师居住的地方。

三洲村是闽西客家聚落的典型之一，是福建省为数不多的整体风貌和建筑单体均保留较为完好的古村落。

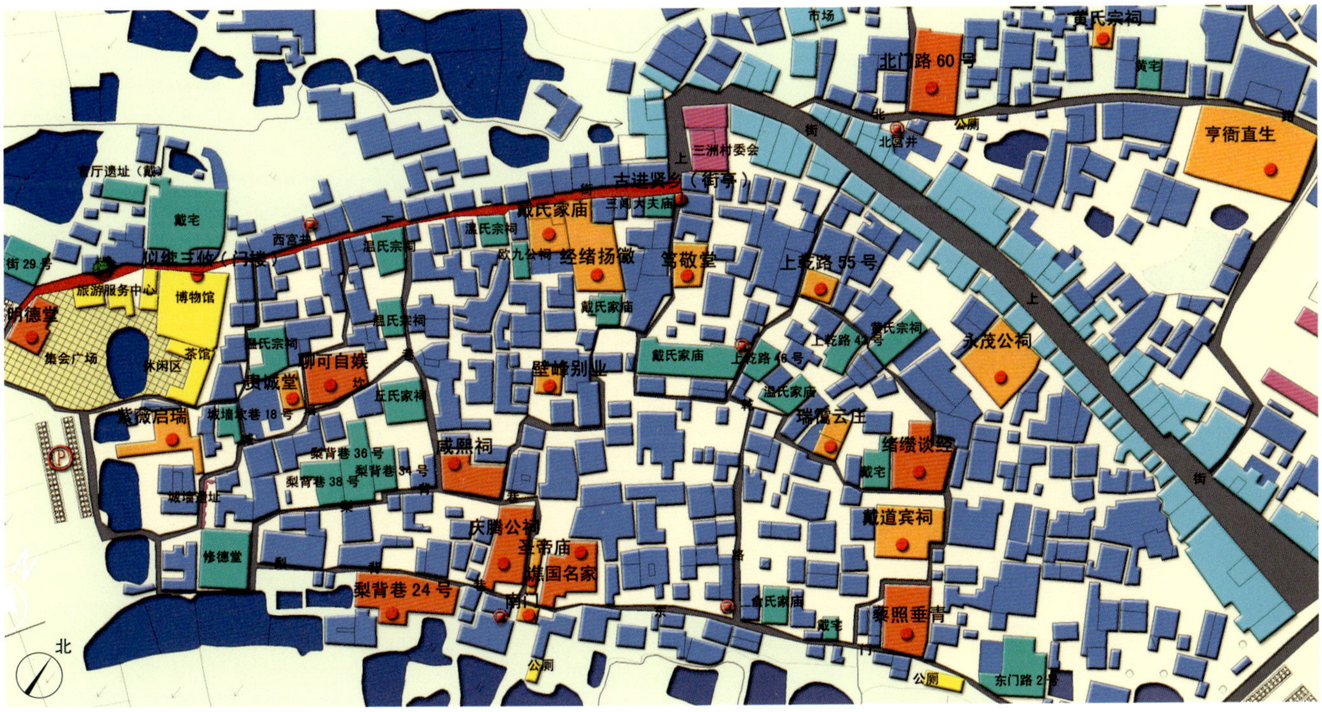

⊙总体布局

“聊可自娱”宅一剖面

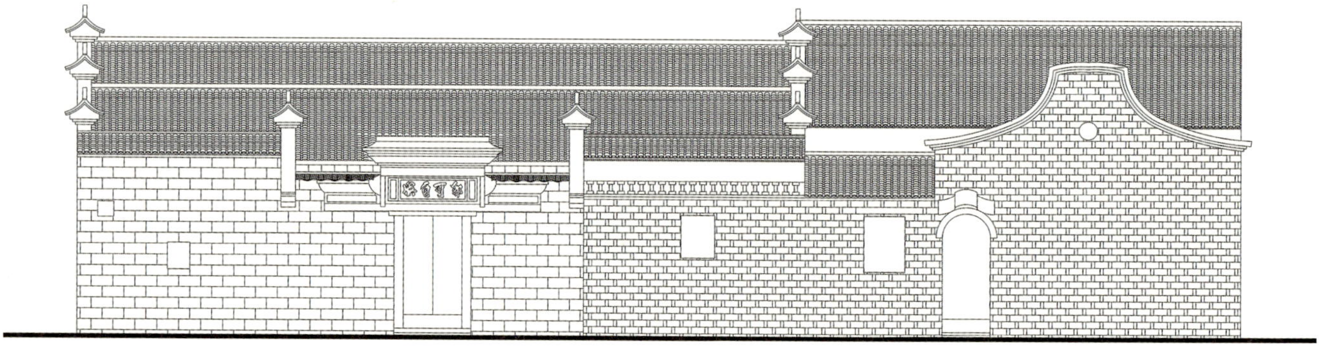

“聊可自娱”宅一立面

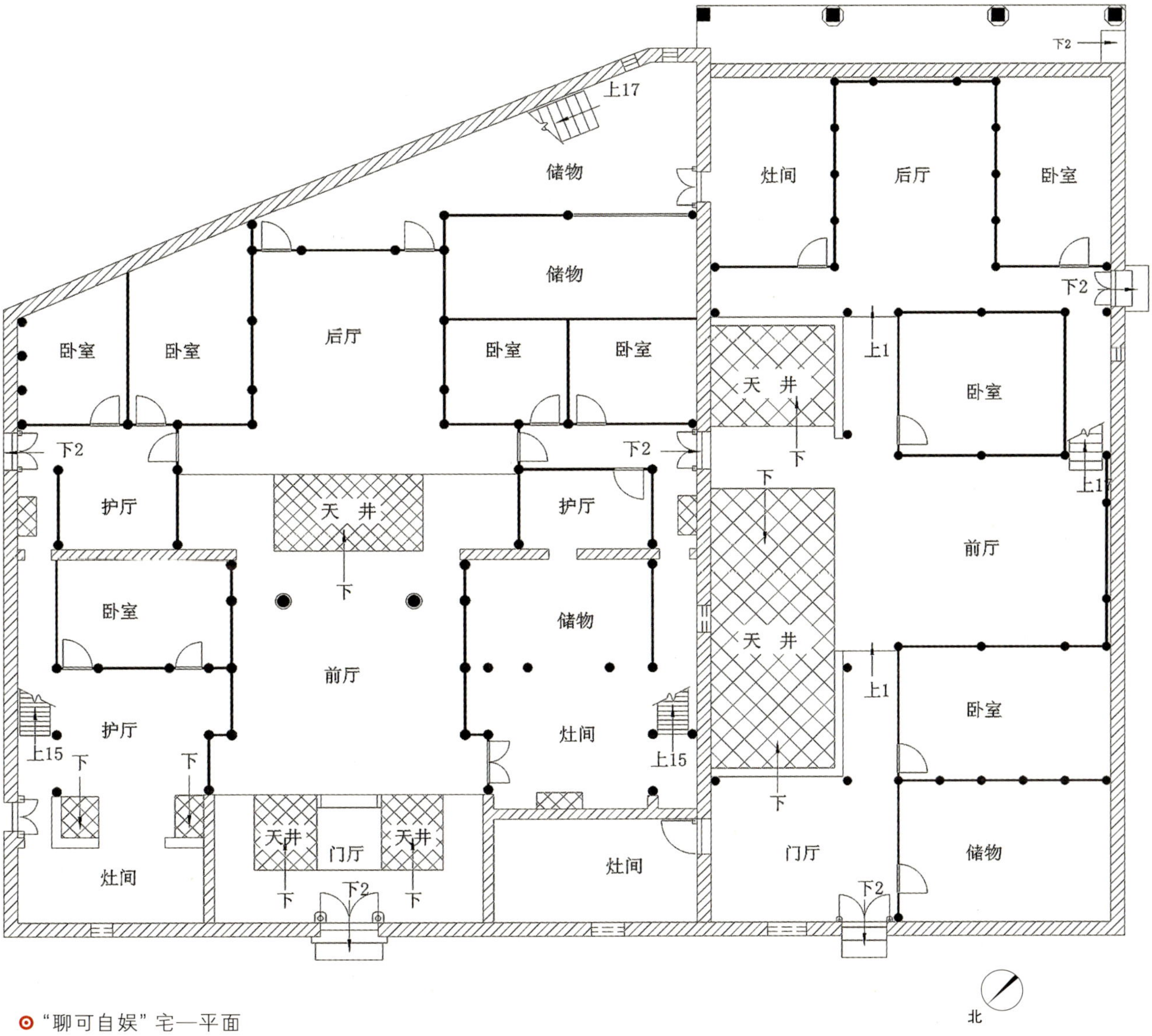
储物
上17
储物
灶间
后厅
卧室
下2
卧室
卧室
后厅
卧室
卧室
天 井
上1
卧室
下2
下2
下
护厅
天 井
护厅
下
上17
前厅
卧室
下
储物
前厅
天 井
上1
护厅
灶间
卧室
上15
上15
下
下
下
天井
门厅
天井
灶间
门厅
储物
灶间
下2
下
下
下2
北

⊙“聊可自娱”宅一平面

长汀三洲戴氏家庙

風遺晉室將軍第
入奉明煙須念水源木

⊙三洲黄氏宗祠

⊙三洲黄氏宗祠内景

⊙三洲庆腾公祠

庆腾公祠入口

⊙三洲“似续三攸”宅

⊙三洲“壁峰别业”书院

⊙三洲路亭“古进贤乡”

⊙三洲圣帝庙

⊙“古进贤乡”牌匾

三洲东林寺

三洲圣帝庙内景

双洋镇

1. 历史概况

双洋镇位于漳平市西北部，东邻新桥镇，南连南洋乡，西与赤水镇毗邻，北接永安市。有公路通往漳平、龙岩、永安等地，距漳平市区51千米。

双洋镇是原宁洋县城所在地。宁洋建县前，双洋属龙岩县集贤里，明正统十一年（1446）在此设东西洋巡检司。明隆庆元年（1567）设立宁洋县，县治设在双洋，县衙设在城内。1956年宁洋县撤销，双洋一直作为乡镇级治所至今。宁洋县存史389年，县城虽小，但作为一个县治中心的应有设施，如城墙、县署、坛庙、书院、兵营、亭塔、桥梁等一应俱全，因此双洋古镇保存不少古迹。

双洋古镇地处九龙江北溪上游。双洋溪沿河风景优美，明代旅行家徐霞客曾两次游宁洋。双洋溪原来可通舟楫，是宁洋通漳平的运输水道。那时，永安一带由燕江水上运输贯通南平、福州，双洋由九龙江连接漳州、厦门，在货物流通上起了沟通南北的中转站作用。双洋古镇因此货栈林立，集市热闹，商贾云集，成为重要的山区贸易集散地之一，也成为南北民俗文化的交会处。

双洋古镇的汉剧表演源远流长，龙灯、竹马、舞狮、采茶灯、花船等民俗活动丰富多彩，地方特色浓郁。

2. 聚落形态

双洋地处山间盆地，镇区由城内、城外、东洋、西洋四个村组成。镇驻地城内村坐东朝西，金凤山、玉屏山拥于后，芙蓉山、贵人山拱于前，麒麟山峙其左，玉岗山迤其右，东向流来的石坑溪与西向流来的员当溪在城外天后宫前汇合南流注入九鹏溪，形成了山环水抱的格局。

城内村是原宁洋县城所在地，曾有周长1350米、高6米、宽5米的砖石城墙围绕，城墙四向开城门并建有城楼，现城墙旧基上是新辟的环村公路。城内村的街巷格局以民主路为中心轴。民主路中部东侧是古县衙旧址，附近有文庙、关岳庙等公共建筑。古县衙左右为青龙街（今民主东巷）和白虎街（今民主北巷），民主路西侧中部是双洋镇镇政府和可直达西洋村的建国路，这几个片区中古街巷纵横交错，民居建筑密集。

城外村以太平路为主，单面沿河发展。城外村与青云桥联接的横街是当时县城最主要的商业街，现商业古街的形态仍完整保存。

东洋村和西洋村分别在城内村的南部、西

部，三个村子正好位于两溪交汇的三面，隔河相望。从明代起，先后修建4座廊桥以利通行。东、西洋村的建筑布局比较疏朗，民居之间一般隔以田畴，充满田园野趣。

3. 古建鉴赏

（1）麟山塔

麟山塔又称“圆觉塔”，因塔身白色俗称“白塔”，建于明万历三十年（1602），清康熙十八年（1679）、光绪元年（1875）重修。为七层八角楼阁式空心砖塔，高22米，底层直径8米。每层均两面开券顶门，另六面设佛龛、安佛像。塔门为弧形，朝西。塔内有木梯盘旋至顶层，内墙有墨书和彩绘壁画。该塔高高耸立在麒麟山上，成为古镇的标志性建筑。

（2）民居

传统民居是双洋现存古建筑的重要代表。双洋的传统民居以合院式为主，其整体布局、外部形象、装饰手法应属于闽南建筑体系，但在某些方面又呈现出多元建筑文化现象。一是院门。民居多坐北朝南，但院门却转而取东西朝向。院门翼角飞翘，豪华气派。二是后土。多数民居屋后有半圆弧形的后土，后土形成山包状，后围以围墙。三是铺地。门埕、天井的地面用鹅卵石精心拼砌，中间部分往往拼砌出装饰图形。

双洋古镇现存古民居六十多座，多为清中后期所建。建筑规模较大、保存较好的民居主要集中在东洋村和西洋村，以继述堂、庆德堂、燕贻堂、世昌堂、成德堂、景德堂、聚德堂、出水莲花为典型。

继述堂建于清初，被称为西洋村最古老的老厝。该宅坐北朝南，大门朝东北，占地面积约3500平方米，中轴建筑由照墙、前埕、门厅、天井（中设门墙）、大厅、后土、围墙组成，两侧护厝对称。大厅面阔五开间，中间三开间留出四步前檐廊，尽间向外突出，仅留双步檐廊，其做法与清后期不同。门厅为“凹兜式”，门脸施以隔扇，雕刻草龙盘成的“寿”字。外门楼的垂花柱、斗拱与穿枋雕刻精巧，厅堂和廊檐的月梁、穿枋、瓜柱、随梁枋、雀替等部位木雕复杂精美、形象逼真。天井、门埕等处用卵石拼砌出阴阳两极、铜钱等纹理。柱础有镜鼓形和八角形两种，采用浅浮雕。挡溅墙和墙体水车堵的彩画细腻生动。屋顶采用分段式处理，燕尾脊飞翘，脊中红砖镂雕。

成德堂建于清道光十三年（1833），占地面积约3800平方米，是东洋村最大的民宅。该宅坐东向西，大门朝北，主体建筑三进五开间，护厝左1列右2列。左护厝第一间为接官亭，右护厝之外是学堂。学堂对外开独立的大门，中厅前伸出一个拜亭。外门楼翼角飞翘，门脸砖雕草龙盘成的“寿”字，施以绿色彩绘；门前一对门枕石雕刻精美，门楼外墙施以红色彩绘。前厅、门厅为穿斗式构架，厅堂墙体承重，厅堂前廊檐进深三步，施抬梁式构架。宅内木雕、石雕、彩画、铺地及屋顶处理十分讲究，与继述堂相比有过之而无不及。

（3）宫庙

宁洋文庙建于明万历六年（1578），清代多次重修。占地面积约3000平方米，坐北朝南，原有大门、泮池、棂星门、戟门、大成殿、东西庑殿、崇圣祠、祭器库等，现仅存大成殿。大成殿面阔五间，进深三间，抬梁式木构架，重檐歇山顶，檐下施以彩画并镏金。“大成殿”匾额做成八字三开间形式，上覆重檐歇山顶，颇有特色。

关岳庙始建于明嘉靖年间，清顺治八年（1651）扩建，康熙二十年（1681）重建，嘉庆十三年（1808）重修。占地面积357平方米，坐西向东，二进三开间，门厅与大殿明间为抬梁式构架，次间为穿斗式构架，歇山顶。瓜柱、月梁、穿枋、随梁枋、雀替等部位木雕较精美，并施以镏金。

（4）学堂

双洋人崇尚耕读为本，不少家族设有学堂，其中以西洋村的赖氏学堂最为有名。

赖氏学堂占地面积约480平方米，坐北朝南，大门在东南面。平面布局为二进五开间，两侧护厝。大厅前伸出一个拜亭，为学生学习之处。拜亭五架抬梁，与厅堂前廊的双步檐廊连为一体，施以减柱造，减柱部分做成垂花柱。瓜柱、穿枋、随梁枋、坐斗与斗拱的雕刻都很精细，外墙漏窗也很精美。

（5）廊桥

在萦绕双洋古镇的溪流上，横跨着4座石墩双孔木平梁廊桥。它们造型古朴典雅，几经兴废，却形态不改，如今依然屹立在青山绿水间，既方便人们通行，也成为古镇的特色景观。

化龙桥位于东、西洋两村水尾，横跨双洋溪，始建于清乾隆年间。桥长44米，宽3.5米，桥屋九开间。

太平桥位于城南，横跨石坑溪，俗称“南门桥”，曾名“永济桥”，始建于明万历五年（1577）。桥长33.5米，宽3.4米，九开间。现桥头扩建桥屋两座，作为老人活动中心。

青云桥位于城南，横跨石坑溪，原名“玉江桥”，俗称“下桥”，始建于明万历二十七年（1599）。桥长33.6米，宽3.6米，11开间。南向桥头立清同治十一年（1873）重修碑一通，记载村民捐资修桥事宜及捐资者名录。

登瀛桥位于城西，横跨员当溪，原名“西洋桥”，始建于清顺治十二年（1655）。桥长33.8米，宽3.5米，十一开间。

双洋镇田园风情浓郁，乡土建筑众多，具有保护和开发的价值。

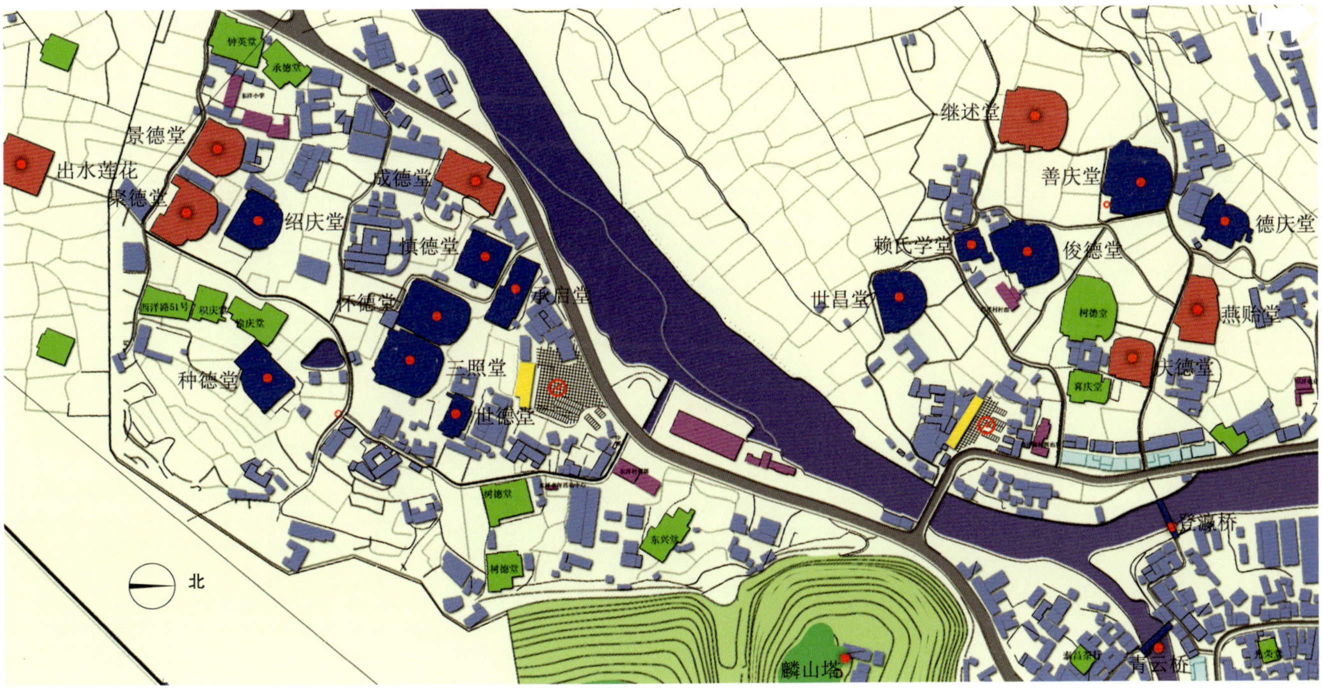

总体布局

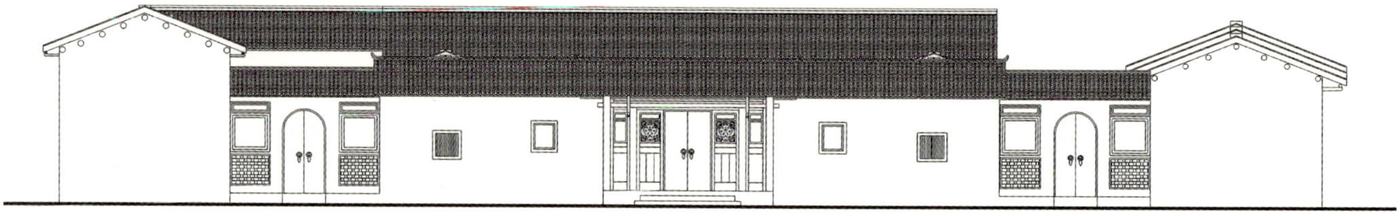

⊙继述堂—立面

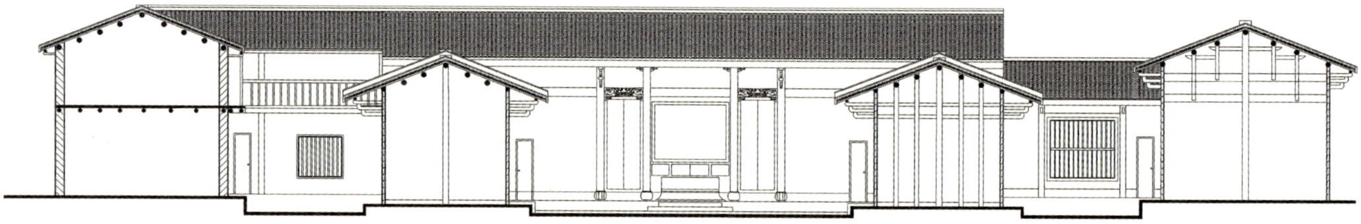

⊙继述堂—剖面

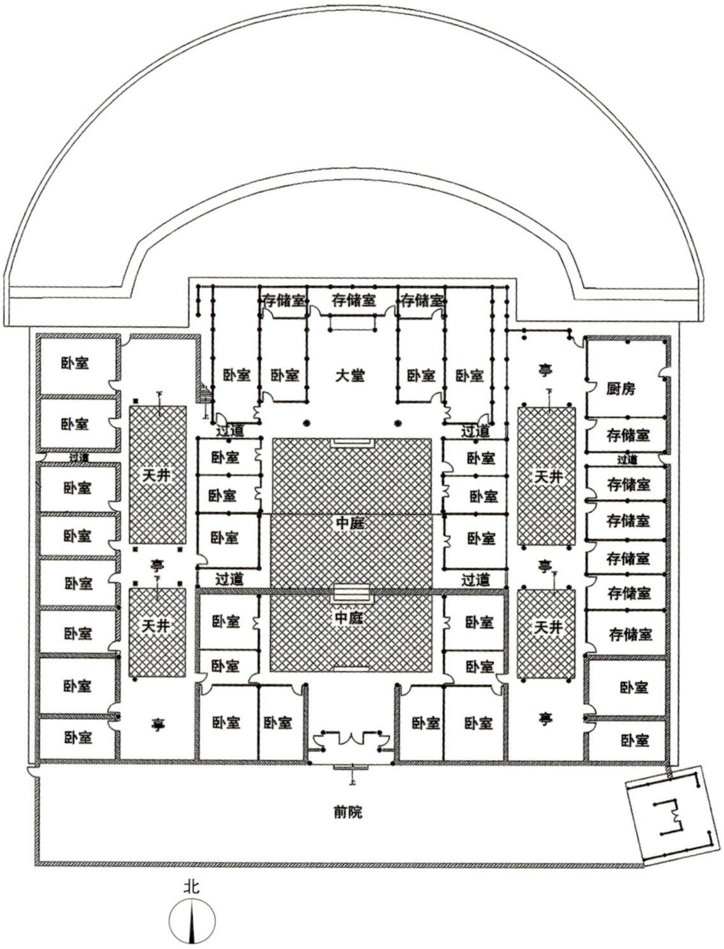

⊙继述堂—平面

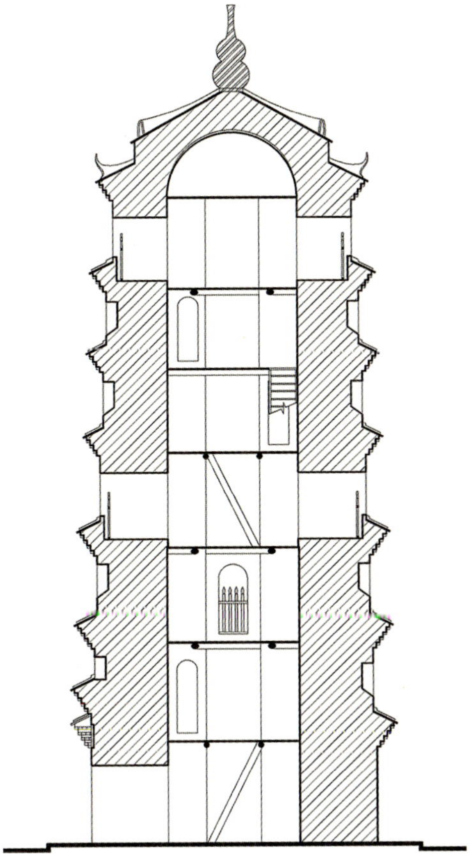

⊙麟山塔—剖面

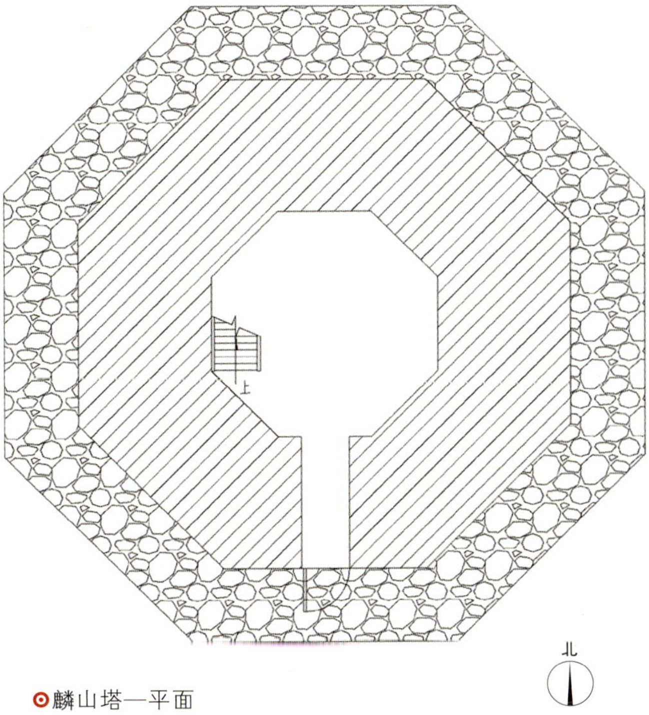

⊙麟山塔—平面

⊙麟山塔—立面

双洋民居

双洋聚德堂

双洋景德堂

双洋景德堂内院

双洋青云桥桥屋

双洋麟山塔

双洋“出水莲花”宅

⊙双洋庆德堂

⊙双洋民居门脸装饰

⊙双洋民居内景

⊙双洋登瀛桥

双洋青云桥

宁洋文庙大成殿

双洋关岳庙内景

双洋赖氏学堂

九峰镇

1. 历史概况

九峰镇位于平和县西南部，东与国强乡、大溪镇毗邻，南与诏安县秀篆镇相连，西与广东省饶平县、大埔县交界，北与长乐乡、秀峰乡、崎岭乡接壤。207省道穿境而过，距平和县城47千米。

九峰又名“九和”，古有闽越人散居其间，元末明初为南靖县地。明正德年间，时任都察院左佥都御史的王守仁（1472-1529，字伯安，世称阳明先生，卒谥文成）奉旨率师征剿闽粤边界“贼寇”，奏请朝廷“添设县治以控贼巢，建立学校以易风俗”。正德十三年（1518）获准置平和县，县城建于河头大洋陂（今九峰）。之后，筑城墙，建县署、双塔，辟九街、十八巷。同时，建文庙、文昌宫、明伦堂、城隍庙等，传入孔子、朱熹等学术思想。明代著名学者黄道周早年就曾在九峰讲学。至1949年7月县政府东迁小溪镇，历经明、清、民国三个时期共431年，九峰都是全县政治、经济、文化的中心。现在的九峰镇以农业经济为主、工业为辅，盛产的平和蜜柚和白芽奇兰茶闻名遐迩。

九峰镇地处闽粤交界处，是闽粤边境的交通要衢。九峰溪（又名碧溪）蜿蜒向西汇入广东韩江，明清时船只可通航至潮州，两省的商品、客流在此聚散。优越的区位和便捷的交通，使九峰成为沟通闽粤两省4县10个乡镇的贸易中心和闽西南最大的茶叶市场，素有“闽粤边贸重镇”之誉。

九峰是客属聚居地，九峰人95%是客家人。九峰又是闽南、潮汕、客家交融之地，具有独特的文化氛围。闽南话、客家话、潮州话一起成为这里的通用语言，潮剧、芗剧、四平戏、汉剧都在这里盛行，龙艺、落地扫、铁技艺、扎彩楼等民间艺术延续几百年，集众多民俗风情于一体。

2. 聚落形态

九峰地处大尖山和九禾山下的九峰溪畔，四周群山环抱，林果茂盛。城区北依县后山，南以塔山为案山，碧绿的溪水自东向西绕城而过，形成“枕山襟河”的格局。

平和建县由王阳明先生亲自筹划，县址几经选择，设在地形险固的九峰镇。县城设内外城，城高5.95米，外城长1967.5米，内城长1895米，城门楼6座。1929年拆除城墙，开公路建街市。现仅在大同巷有古城垣遗址保存。

经过民国与解放后的改造，九峰镇现存的街

巷体系以中山街东街、西街、横街等为主轴线，其余的道路以不同角度同中山街交接。镇内传统建筑与现代建筑并存，鲜明地反映了古镇的发展演变过程。最有特色的是西街下街巷这段古街，还基本完整保留近代骑楼建筑的特点。伴着淡淡的茶香，漫步在这条民国时期著名的商业街，别有一番风味。

九峰目前聚居的主要有曾、朱、杨、李、龚等姓，建筑布局体现了血缘聚落的特色。如西街主要是曾姓的聚居地，在主要路段修建了曾氏家庙。各房又建造了支祠，各房住宅以各自支祠为中心展开布局。作为曾经的平和县治所在地，九峰有保存完好的宫庙、宗祠、民居、双塔、牌坊等古建筑近60座，还有俞大猷纪事碑刻、王文成祠碑记等文物，名胜古迹引人入胜。

3. 古建鉴赏

（1）祠堂

九峰现存的祠堂数量不少，单曾姓祠堂就有十几座。这些祠堂有的建于明末清初，多数建于清朝，以中湖宗祠、曾氏家庙、朱氏宗祠、杨氏宗祠为典型代表。

中湖宗祠又称“曾氏始祖大宗”，始建于明弘治五年（1492），明、清、民国重修。平和建县之初，曾以此作县署。1927年10月，朱德、陈毅率南昌起义军由粤入闽路经平和时，将总部设在这里。该祠占地面积1490平方米，坐东北向西南，前有大埕和照壁，主体二进三开间。正堂设神龛，供奉曾氏二世祖“四公”及先祖。厅堂以红砖铺地，明间为抬梁式木构架，两侧护屋是其裔孙习文学艺、应试住宿的场所。该祠细部处理典雅古朴，木雕、石雕精细。大门前一对青石抱鼓雕刻花卉。大门“凹兜式”，门脸以红砖拼砌“万”字回纹，门廊石板铺地，檐柱、双步梁、挑梁均为石构，其上的垫托、斗拱与穿枋为木构。

曾氏家庙始建于明万历元年（1573），后被烧毁，清雍正元年（1723）重建。占地面积380平方米，坐东向西，由下厅、天井、上厅组成，两侧走廊，面阔三开间。下厅与大门连成一体，大门设在中柱之间。该祠的细部处理精美，特别是厅堂梁架的木雕十分讲究，木构架和斗拱有一百五十多组雕刻，图案生动逼真。

杨氏宗祠建于清康熙年间，坐北朝南，由半月塘、牌楼、下堂、拜亭和正堂组成。大门为五间三山跌落牌楼式，屋顶飞檐翘角，灰塑、嵌瓷造型生动；门脸上部为石窗，窗内透雕草龙组成“寿”字；墙裙以青石拼砌“亚”字形与龟田纹。该祠大门的做法与九峰其他祠堂不同，显得特别气派。

（2）民居

九峰的传统民居类型多样，有前店后宅的骑楼建筑，有具有闽南民居特点的合院式民居，还有被誉为“世界建筑之瑰宝”的土楼。

四合院在漳州地区被称为“四点金”。由门厅、天井和正堂组成，两侧为厢房；堂前有廊，堂屋三开间，明间为客厅，次间作卧室；大门一般略有凹进。四点金向横向或纵向扩展，可形成中、大型民居。

九峰土楼采用的是单元式布局，各单元设独立门户和楼梯，这与客家土楼通廊式布局有所不同。九峰境内现存较好的土楼有四十多座，其形状主要是圆形、方形和半月形。

龙见楼是圆楼的典型代表，规模宏大为九峰土楼之最。该楼建于清康熙二十年（1681），坐北朝南，高三层，外径82.4米，内径17.6米，占地面积5278平方米，有房间155间。楼内分为52个单元，单元内均三进二天井。各单元二、三层朝向内院窗外，挑出窄窄的走廊，环楼户户相通。楼内向心式的大天井面积961平方米，既增加了各单元的采光和空气流通，也成为公共活动的场地。

半月形土楼的平面前方后圆，当地称之为“簸箕楼”，仁美楼就是这种布局。该楼外围二层，内围一层，内围紧贴外围而建，不以天井相隔。每个单元一至三间不等，前为客厅，后为厨房，二层为卧室。祖祠设在正对大门的单元，楼中间是大天井。

（3）宫庙

宫庙建筑是九峰现存古建筑的重要代表，最著名的是城隍庙、文庙和崇福堂，威惠庙、武当宫、恩置宫也较有名。

平和城隍庙于明正德十四年（1519）始建，皇帝准以府级规模建置，清代多次重修。占地面积1200平方米，坐北朝南，前后5座相连，依地势北高南低而建，平面呈“中”字形，依次为门厅、戏台、正殿、后殿，天井两侧为回廊。正殿前伸出一个卷棚顶拜殿，与正殿连成一体。正殿为重檐歇山顶，供奉东岳帝君与阎罗判官。后殿为单檐硬山顶，供奉的城隍爷、城隍妈是唐代诗人王维夫妇。该庙明间采用抬梁做法，雕梁画栋，局部还施以镏金。盘龙石柱雕刻活灵活现，多对抱鼓石雕刻精美。屋顶上嵌瓷色彩鲜艳，题材丰富。庙中保存“十八层地狱图”“二十四孝”“平和八景”等四十余幅明清时期的壁画，弥足珍贵。

平和文庙于明正德十四年（1519）始建，皇帝准以府级规模建置，明嘉靖、万历及清康熙年间重修。原文庙中为大成殿，东为教谕斋，西为训导斋、明伦堂，前有棂星门、泮池、牌坊等。现仅存大成殿与明伦堂。大成殿坐北朝南，面阔五间，进深三间，四面出廊，抬梁式木构架，重檐歇山顶。殿内一对盘龙石柱雕刻生动精美，梁架上瓜柱、穿枋多作浮雕、透雕，具有很高的建筑价值和艺术水平。

（4）牌坊

九峰的牌坊有功德坊、贞烈坊和百岁坊，位于城隍庙旁的龙章褒宠坊最有名。

龙章褒宠坊建于明隆庆元年（1567），为旌表南京东城指挥司曾璋之父曾宗龄、母张氏而建。坐西北向东南，全石结构，三间三楼四柱，高10米，宽10.7米，方形石柱的柱脚置有夹杆石。坊顶盖下梁枋隔为三层，枋上刻有“恩荣”“龙章褒宠”等字，各层有人物、花鸟等浮雕，石雕工艺精湛。

九峰镇是客家文化与闽南文化交融之地，也是闽粤文化习俗交会之地，具有深厚的历史文化底蕴，其建筑有独特的艺术魅力。

武当宫
恩置宫
杨氏宗祠
曾氏五公支祠
胜昌
曾氏西圃祖祠
千年古榕
霞湖家庙
中湖家祠
景云楼
镇政府所在地
中湖祖祠
曾氏家庙
厕所
逢源楼
文庙大成殿
朱氏大宗
霞田六湖公祖祠
龚氏家庙
萃文堂
城隍庙
牌坊
仁美楼
李氏祖祠
威惠庙
北
厕所
朱宅

⊙总体布局

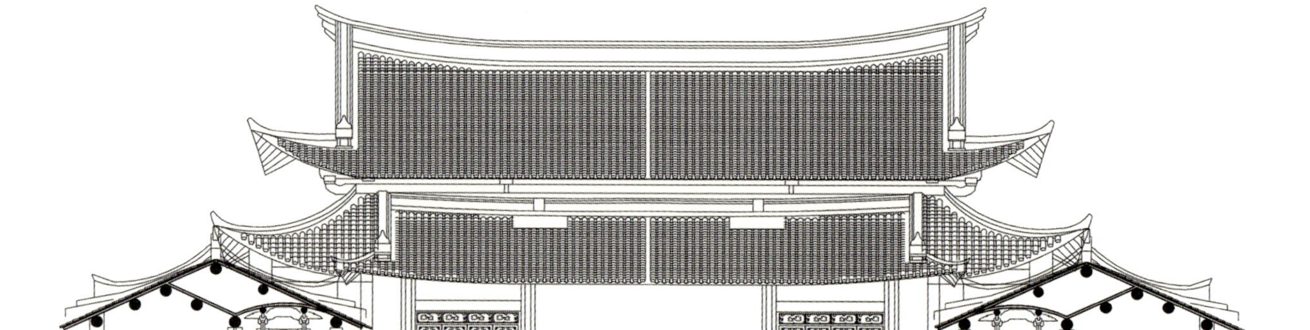

⊙城隍庙—剖面

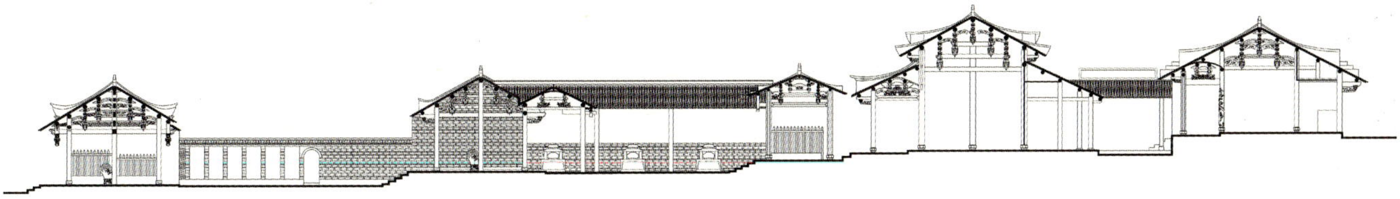

⊙城隍庙—剖面

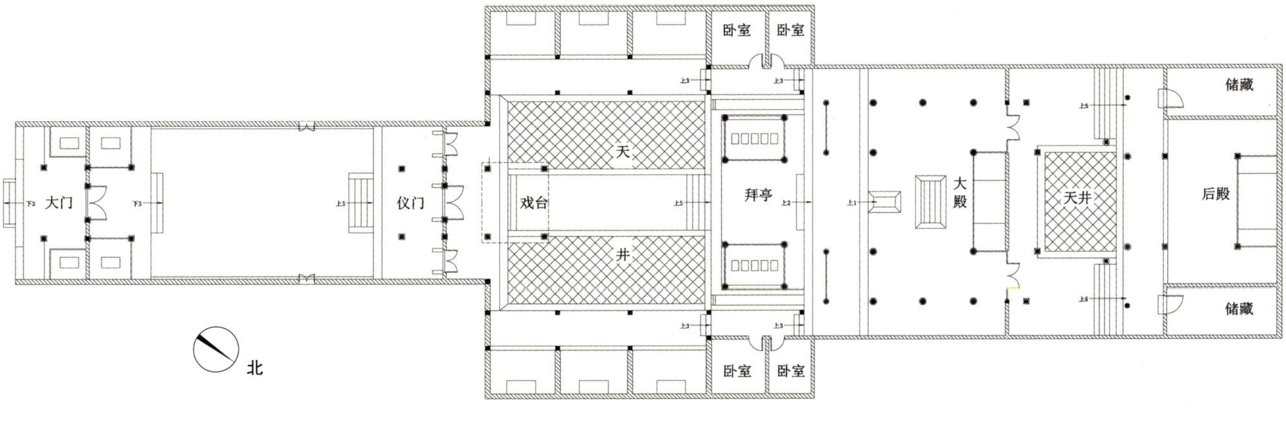

⊙城隍庙—平面

⊙平和县九峰古镇

⊙九峰街景

⊙九峰雍睦堂

⊙九峰杨氏宗祠追来堂

⊙九峰曾氏家庙

⊙九峰杨氏宗祠外景

⊙九峰霞湖家庙

⊙九峰黄田曾宅

⊙九峰民居

⊙九峰念修堂

九峰黄田龙见楼

⊙九峰黄田曾宅

⊙南阳楼

景云楼

平和城隍庙天井与回廊

平和城隍庙正殿

平和文庙大成殿内景

平和文庙龙柱

平和城隍庙

九峰崇福堂

神龛

⊙九峰恩置宫

⊙九峰威惠庙

⊙九峰龙章褒宠坊

梅林镇

1. 历史概况

梅林镇位于南靖县西部，东与奎洋镇相接，南与书洋镇接壤，西与龙岩市永定区毗邻，北与龙岩市交界。山长公路纵贯南北，距南靖县城56千米。

梅林镇区所在地为梅林村，目前聚居的村民以魏姓为主。魏氏于唐末入闽，元至正年间（1341-1368）其后裔魏正兴从汀州宁化石壁迁居南靖梅林，从此魏姓族人就在这里繁衍生息。魏氏传至五代开房肇祠，现有背垄光裕堂与钜鹿堂两座魏氏宗祠。为了解决人多地少的矛盾，明末梅林魏氏开始向海外发展，旅居印尼、缅甸、菲律宾、越南、泰国以及港、澳、台地区达数万人。梅林向台湾移民始于明朝，清代迁台人多势众，是台湾同胞主要的祖籍地之一，现台湾魏氏宗亲常回乡祭拜祖先。

梅林处于客家人与闽南人杂居地带，两种文化在此相互交融。如妈祖信仰在梅林深入人心，每年农历二月二十三妈祖诞辰都要举行隆重的庆典活动，“妈祖巡村”“妈祖过海”热闹非凡。

2. 聚落形态

梅林镇地处九龙江上游，双水贯穿其中，一条称小溪，又称梅溪；另一条称大溪，又称长教溪，梅溪由南而北汇入长教溪。相传过去梅溪两岸到处种植梅树，梅花怒放时十里芬芳，“梅林”因此得名。

梅林境内山峦蜿蜒起伏，翠绿的竹海、茶园、梅树环抱着古镇，青山如黛，绿水长流，田园、土楼点缀其间，风景十分秀丽，“梅林八景”（碧岩春雨、榕荫夏市、双溪秋月、文峰冬日、梅岸杵声、仙翁捞网、虎跳孤松、龙井渔歌）景景动人。

梅林的建筑依双溪流经的水域而建，背山面水。古镇以梅溪为主干，沿溪两岸形成两条主干道，其他街巷主要往南、往东绵延发展。梅溪北岸的圩头古街是村内的一条主街，俗称老街。老街呈曲尺形，从梅林小学开始，经过天后宫，到靖南桥头及节孝旌表牌坊，长50多米，宽2~2.5米，地面用卵石铺砌。老街的道路两边有数十家商店，当年这里百货俱全，生意兴隆，远近驰名。如今镇政府旁的新街已经取代了往日繁华的老街，但村落山环水抱的环境意象犹在，古街巷的历史风貌尚存。

梅林是福建土楼的聚集地之一。已被列入世界文化遗产名录的“六群四楼”中的和贵楼、怀远楼就在梅林镇辖区内的璞山村和坎下村。在梅林村，也有一座座土楼巍然屹立，与周围的山水、民居、宫庙、桥梁等自然结合，构成优美的景观。

3. 古建鉴赏

（1）民居

梅林现存的传统民居绝大多数建于清代，其

类型主要有防御性很强的土楼、建筑细部丰富的院落式民居和华侨投资兴建的中西结合住宅。

梅林土楼具有客家土楼的特点。楼多为一环，一般为3~4层，内通廊式。厚实的夯土墙上，除大门外只在二层以上开小窗，常在外墙四角建有瞭望台或在大门上设瞭望台。楼内中轴线上正对大门的祖堂和楼中央的天井是连接各家的公共空间，天井的地面用卵石铺砌，有些铺地图案非常精美。土楼以圆形和方形为主，现存圆楼有保和楼、万德楼、鼎和楼、德宁楼、芋宁楼，方楼有怀忍楼、南庆楼、和胜楼、辑宁楼。

南庆楼的平面布局最为特殊，为方楼带围屋。该楼建于清康熙年间，坐落在梅溪南侧，坐东南向西北。主楼为通廊式方楼，4层，每层16开间。主楼的前后左右是一、二层楼，把主楼围在中央，犹如众星拱月。围楼的后部呈弧形，蕴含客家围拢屋的因素。为防御火攻，主楼大门顶部设有水槽。据说南庆楼群共有18个门，含有十八罗汉把守门之意。主楼、楼东、楼西各有一口井，天井中水井的水仍可饮用。

院落式民居多为二层，基本采用二进五开间一天井的平面布局形式，如位于长教溪北岸的昭德楼、和成楼。昭德楼建于清嘉庆年间，选址在两溪交汇处，坐北朝南，清风徐徐。该宅的门面装饰精美，大门上斗拱气派，门口石雕图案清晰，大门旁一对浅木雕的螭虎古色古香。宅内的木质镂花窗用大片鱼鳞代替纸张作为窗花填充的做法较为特别。

中西结合的别墅由海外华侨寄回钱物和图纸建造，建筑小巧别致，略带海外居住地的风格，如位于梅溪北岸的镜楼、魏德居。

（2）宫庙

梅林天后宫始建于明崇祯年间（1628-1644），历代均有修葺。天后宫坐东北向西南，由前殿和后殿组成，占地面积约1500平方米。前殿单层砖木结构，祀关帝，俗称“武庙”；后殿为双层楼阁式悬山顶建筑，底层祀保生大帝和观音佛祖，二层祀妈祖。前、后殿均面阔三间，进深三间。抬梁式木构架，梁架施斗拱，木构件雕饰精美，彩画生动依旧，有八仙图、二龙戏珠、蝙蝠、花卉等。天井为规整条石铺设，与关帝庙相连。宫中保留清道光、光绪年间重修石碑两方。

（3）牌坊

简氏节孝坊于清乾隆二十八年（1763）为旌表魏睿衷妻简氏而立。为二柱一间石牌坊，面朝西北向，额顶上下二横梁（上部盖顶已毁）。正中匾额镌楷书“节孝”。魏睿衷22岁病逝，其妻简氏19岁守寡，一守就是70年。她含辛茹苦培养儿子魏仰韵，使其成为国学生。成人后的魏仰韵做生意颇有名气，发迹后回梅林建起翠玉轩等三间学堂，可见其抱本追远，不忘故里和母恩。

（4）书院

梅林历史上曾创办多所私人书院。如和胜楼前原有一座书院，是富商魏映云招待教师居住和教授6个儿子的场所。至今保存完好的翠玉轩也是一所书院。

翠玉轩建于清乾隆年间，由魏仰韵出资兴建，供村中孩子读书之用。书院位于南庆楼前，面溪而建，开一个小门在东侧。平面布局为二进五开间四天井，大厅是教师传道授业的场所，一、二进的小单间是学生自习的地方，里屋是教师居住之处。大门彩绘生动的人物花草，梁架装饰简洁，木雕镂花窗工艺精湛，院内隔墙开有圆形、矩形的砖雕镂花窗，地板用卵石铺砌。

梅林镇有“小漳州”“小台湾”之称，古镇风貌和建筑艺术独具魅力。

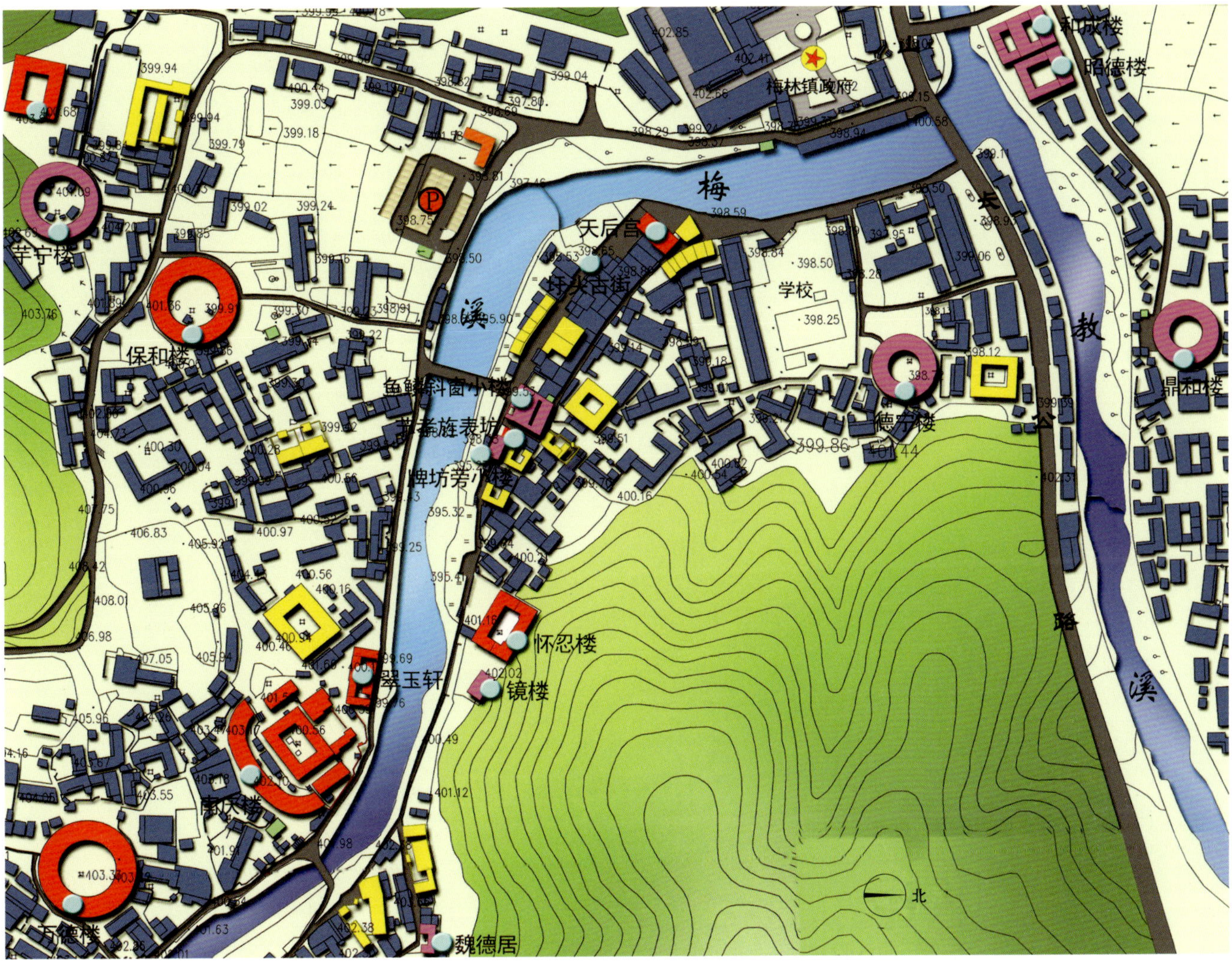
梅林镇政府
梅
溪
天后宫
学校
长
教
公
路
溪
和成楼
昭德楼
孚宁楼
保和楼
圩头古街
鼎和楼
德宁楼
鱼鳞斜窗小楼
节孝旌表坊
牌坊旁小楼
怀忍楼
翠玉轩
镜楼
南庆楼
万德楼
魏德居
北

⊙总体布局

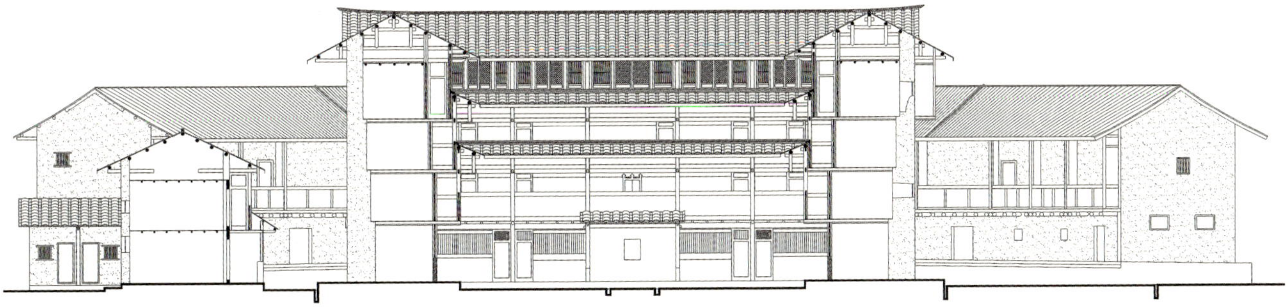

⊙南庆楼—剖面

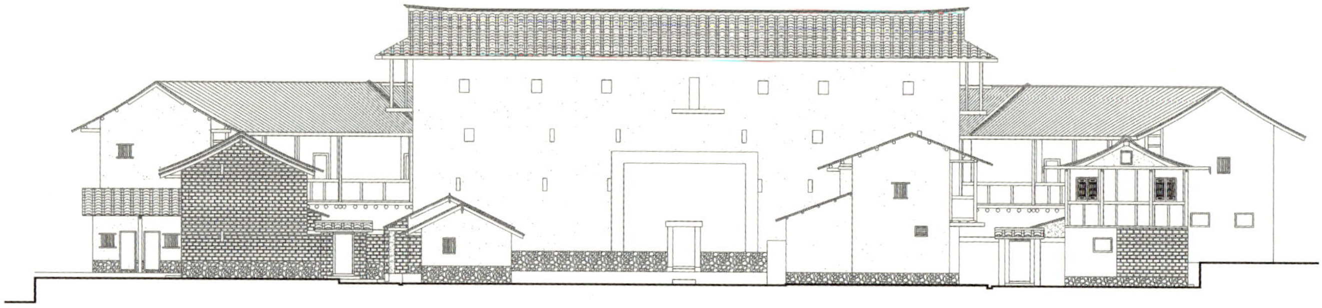

⊙南庆楼—立面

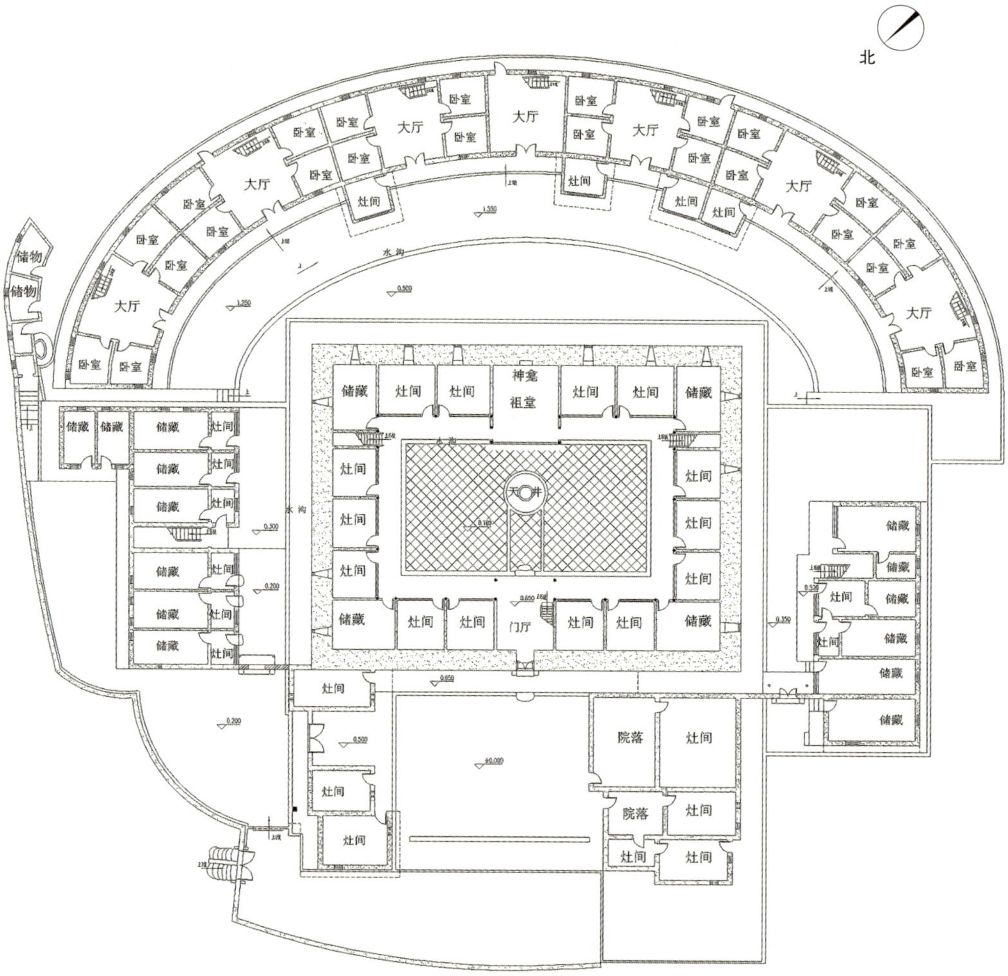

⊙南庆楼—平面

梅林古镇民居

梅林古街

南靖县梅林古镇

⊙梅林古镇风景秀丽

和胜楼

万德楼

⊙保和楼

⊙保和楼内景

梅林土楼外景

怀忍楼

梅林民居

梅林民居内景

梅林民居

梅林简氏节孝坊

⊙梅林翠玉轩书院

⊙翠玉轩书院内景

桂峰村

1. 历史概况

桂峰村曾名“桂岭”，又称“岭头”“蔡岭”，位于尤溪县的东北部，距京福高速公路直线距离仅800米。

桂峰有文字记载的历史可追溯到唐乾宁年间，但当时尚未建村。南宋淳祐七年（1247），蔡襄的九世孙蔡长为避战乱带着族人从莆田迁居到这里，在今祖庙处结庐而居。至元代初年，桂峰其他族姓或外迁或消失，而蔡氏子孙繁衍很快，开始大规模开荒造田，建设村庄，桂峰逐渐成为蔡氏家族的独居地。

明嘉靖三十九年至清乾隆三十年（1560-1765），是桂峰发展的鼎盛时期。主要原因是尤溪至福州的一条官道从桂峰经过，这里成为达官贵人、商贾小贩和艄排工人往返尤溪至福州的必经之地和食宿的唯一中转站。当时的桂峰有“小福州”之美称，“四寻客栈五步楼，比屋弦声乐悠悠，梦寐以求寄居地，旅客旋步三回头”是其繁华景象的写照。乾隆后官道改道，桂峰的商业也逐渐萧条 。

明清时期，桂峰村蔡氏家族功成名就者比比皆是，经商发财者不乏其人，成为富甲一方的望族。他们广置田产、营造华屋，并建起蔡氏宗祠，重修蔡氏祖庙。现村中保存的近40座古建筑，是其悠久历史和经济繁荣的见证。

桂峰人以北宋名臣蔡襄为先祖，以南宋理学家蔡元定为骄傲，不忘“耕读传家，经史名世”的祖训。明清两代，该村出进士3名、举人12名、秀才412名。为了培养本家子弟读书，几乎每幢大厝里都建有书斋，现存明清时期的书斋有“玉泉斋”“泮月斋”“后门山书斋”等。

2. 村落形态

桂峰地处海拔550米的半高山谷地。村落坐东向西，背靠后门岭与后门山，两边以后门田等小山为砂山，前临峡谷，远接连绵的群山，一条小溪由东到西贯穿全村，形成了藏风聚气、负阴抱阳的风水格局。

桂峰的风光秀丽，历史上有著名的“桂峰八景”：石笋擎天、金鸡耀日、玉泉涌蜜、丹桂飘香、印桥皓月、酒座清风、双漈龙吟、三峡虎啸。这些景点或天然生成，或辅以人工，构成一幅幅秀美的画卷。

整个村落因地制宜分布在三面山坡上。蔡氏祖庙和宗祠是桂峰村的核心建筑，位于地势较平坦的谷地中。民居以祖庙、宗祠为中心，从下往上傍山而建。建筑结合地形的高差布局，层层叠叠，高低错落。四通八达的石台阶连接着每座房屋，不仅蜿蜒曲折而且还有高程变化。拾级而上，步步高升，富有韵味。

桂峰村的主次道路依山就势穿梭于各个角落。以石印桥为中心，水街、下坪古街和百二层岭这三条主干道呈放射性分布。东西向的水街是桂峰最主要的街道。溪水将村落分为两大部分，岸边设踏步，供汲水与洗涤之用。建筑枕溪而建，与溪流、道路犬牙交错，形成多变的景观。下坪古街由南向北通往村尾的古官道，百二层岭则由北往南伸向村落的南坡顶。主干道的周围分布着长短不一的小巷，小巷较狭窄，蜘蛛网似的回环往复。所有街巷的路面都用石板条或石块铺砌，许多石阶已经被岁月打磨得光滑可鉴。

3. 古建鉴赏

（1）祠堂

蔡氏祖庙是蔡氏的肇基之地，始建于宋元时期，清乾隆五十五年（1790）毁于火，次年重建。占地面积1390平方米，坐南朝北，由正堂、天井、下堂组成，天井左右为厢房。正堂三层，面阔五间，明间采用抬梁式构架，次间与尽间为抬梁穿斗混合式结构，歇山顶。三楼大厅两侧分置两个圆形花窗，寓丹凤之双眼。门厅两侧也置两个圆窗，次间各置两扇大门。梁柱用材硕大，木雕雕刻细致，彩画色彩艳丽，笔触细腻。

蔡氏宗祠建于清康熙八年（1669），占地面积948平方米，坐南朝北。其平面布局、梁架做法、屋顶形式与祖庙相似。不同的是，宗祠的大厅仅单层。梁架、柱子用料较大，多有雕刻、绘画。厅中悬挂清乾隆年间文华殿大学士兼礼部尚书蔡新题写的“人心知水源木本，庙貌报祖德宗功”筒联。门楼华表小巧华丽。

（2）民居

受到地形限制，桂峰民居的平面布局具有短进深、宽面阔的特点。民居以两进为主，有的只有一进，大型民居最深的不过三进。民居面阔五开间极为普遍，大型民居的厅堂面阔甚至达到七开间。有些民居往平地发展的空间有限，只好往高处发展。一座民居各进空间往往不在同一等高线上，层高1~3层不等。

桂峰民居既具有独特性，又具有多元性，体现了对各地建筑风格的兼容并蓄。民居的平面布局在三合院或四合院的基础上纵横发展，两旁的附属建筑根据地形、功能的要求灵活布置。天井较狭小，厅堂却高大开敞，以2~3层为主。这样的布局方法与闽北民居相似。屋顶正脊分成几段，由舒展平缓的曲线向两端吻头起翘成燕尾，这种做法有闽南建筑的特色。风火墙有弧形、马鞍形、折线形等造型，这是受福州地区建筑的影响。木雕、石雕、彩绘的工艺水平很高，木雕有闽东、莆仙木雕的精致，石雕则不失惠安石雕的细腻。

现桂峰保存较好的民居有三十多幢， 最早的建于明代后期，数量最多的是清初建筑。楼坪厅、后门山厝、后门岭厝、后门田厝、石狮厝、下坪街厝等较有代表性。

楼坪厅大厝为台胞蔡龙豪先生的故居，建于清顺治年间，占地面积1200平方米。抬梁穿斗混合式结构，二进五开间，由大门、正堂、楼坪厅、书斋等组成，主体建筑2层。门楼左右各设一座钱库。正堂左侧为书斋，有洗砚池和石构花架。“楼坪厅”两侧为藏书楼等。现大厅靠溪流一侧的厢房被辟为民俗展览厅和桂峰图书室。大门额书“绩绍西山”，乃清顺治十三年（1656）黄绍芳所题，两旁彩画古朴淡雅。正堂昂、枋等构件和隔扇的雕刻精美。挡溅墙泥塑、彩画形象逼真，富有立体感。

后门山大厝位于后门山地势最高处，乃全村

的最高点，有“桂峰村的布达拉宫”之称。建于明末清初，仿府第结构而建，占地面积3000多平方米，据说当年用了白银13000两，耗时10年之久。单单石砌护坡就修了14层，高近30米。建筑坐东北向西南，抬梁穿斗混合式结构，二进五开间。正堂为两层，第二层后部有一圈走廊，可眺望四周风景。厅堂的梁架、槛窗木雕精致，题材多样。挡溅墙彩画与泥塑相结合，形象逼真。主体建筑右侧为附厝，左侧为附厝、书斋、书楼、洗砚池及崖刻。洗砚池约30平方米，池右后侧刻有“活源”，左后侧镌有“蒸云”崖刻。书斋正厅壁上贴有当年考取功名的捷报。

后门岭大厝建于清乾隆十二年（1747），占地面积1020平方米，坐东北向西南，但入口设在东南方向。平面布局为二进，中堂五开间，后堂七开间，主体对称布局，护厝不对称。该宅的特殊之处在于以二堂为主厅堂，厅宽8米，高大宏伟，为全村最大的厅，称“大厅堂”。

（3）石印桥

石印桥建于明万历三十二年（1604），因桥下有一方巨石如印而得名。石桥位于村中心，村中小溪在此形成一股小瀑流。石桥周边有4株金桂、2株紫荆。桂花树头的石墩砌成圆形、半圆形、长方形、正方形，称为日、月、书、印，由此营造了优美的“印桥皓月”景观。该处是福州至三明的官道在桂峰的落脚点，当年在石印桥周围形成了商业、服务业的中心，酒肆、茶楼、旅馆、商铺林立。如今虽然多数店铺已破败或被改建，但“小桥流水人家”的意境还在，这里仍然是村民最喜爱的休闲、娱乐场所。

桂峰村有着独特的山地聚落文化、精湛的建筑实体遗存，历史与建筑价值很高。

后门田大厝
北
桂峰10号
长房厝
后门山大厝
桂峰
6、7、9号
桂峰
28号
石狮厝
楼坪厅
大厝
蔡氏宗祠
桂峰46号
桂峰41、42号
桂峰51号
后门岭民居
桂峰52号
桂峰57号
桂峰58号
桂峰68号
桂峰62号

⊙总体布局

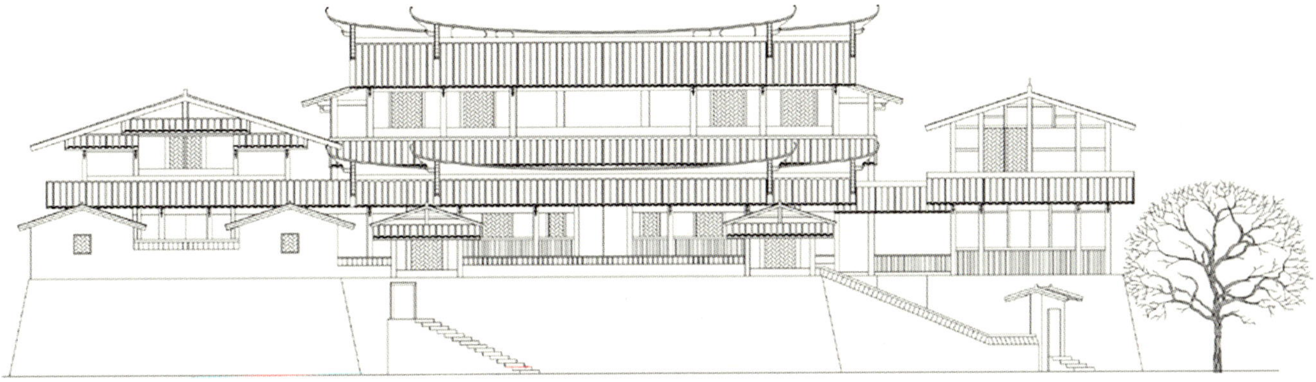

后门山大厝—立面

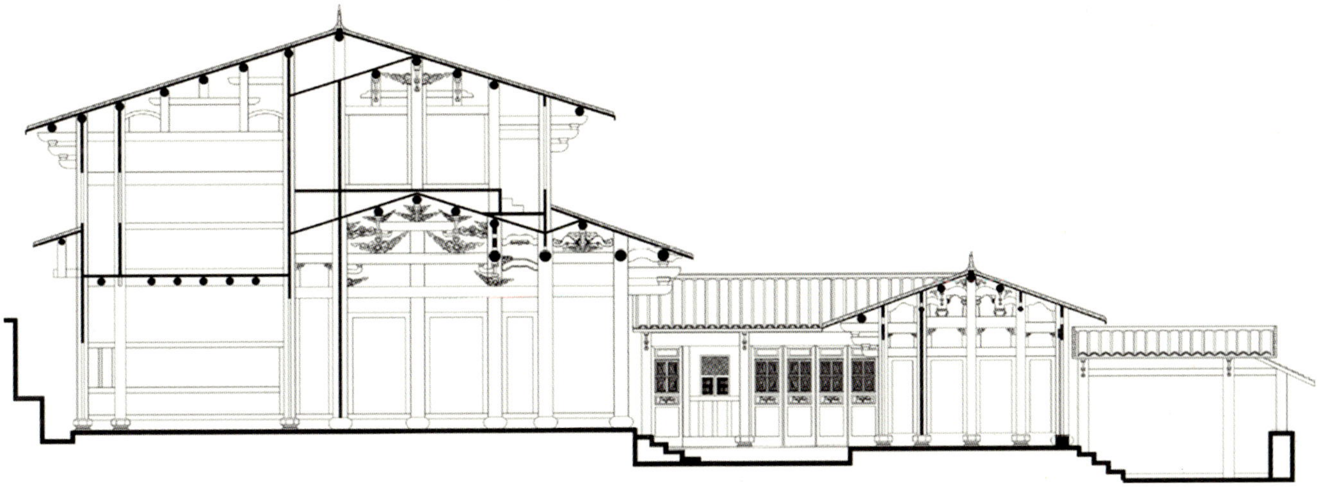

后门山大厝—剖面

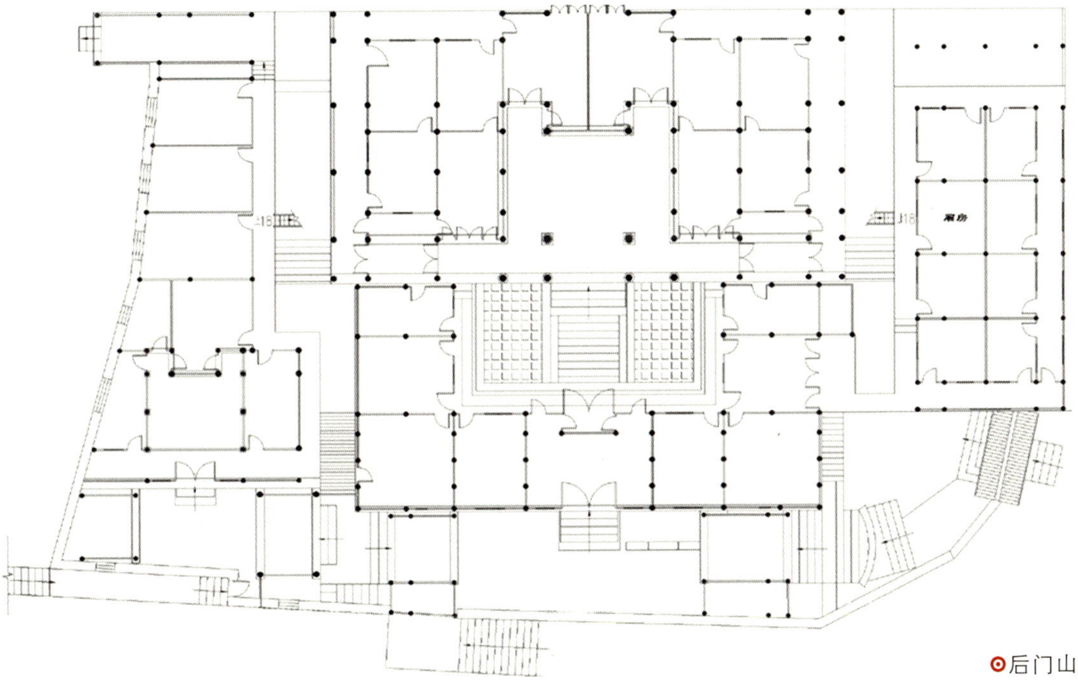

后门山大厝—平面

⊙桂峰村景

⊙桂峰石砌小路

⊙桂峰村民居傍山而建

⊙溪水潺潺

⊙桂峰民居

⊙桂峰村景

桂峰蔡氏祖庙内景

⊙翰林第

⊙蔡氏宗祠内景

⊙桂峰蔡氏宗祠

桂峰街巷

桂峰村景

桂峰楼坪厅大厝内景

桂峰图书室

楼坪厅大厝内景

⊙桂峰街巷

⊙桂峰民居内景

⊙桂峰村景

⊙桂峰村景

小桥流水人家

照壁

桂峰民居内景

⊙桂峰后门岭厝山门

⊙桂峰民居

石印桥

桂峰民居

村中一景

桂峰村景

贡川镇

1. 历史概况

贡川镇位于永安市北部，东临沙溪，西与明溪县相邻，北与三元区相连。高速公路、205国道和鹰厦铁路纵贯全境，南距永安市区16千米，北距三明市区32千米。

贡川真正得到开发始于唐代。唐开元二十九年（741），在朝廷任中丞之职的陈雍携子定居、开发此地。唐末，黄巢起义军将这里作为军垦之地，后发展成村落。宋代，这里因水陆交通发达而成为物资集散地。贡川古称“挂口”“发口”，意为枝繁叶茂的口岸。因贡生迭出，又居沙溪之滨，明朝改名为“贡川”。

贡川为永安北大门，是九龙溪流域客家经济与南平、福州贸易交往的必经之地。古镇三面临水，沙溪流贯南北，由东向西流淌的胡贡溪在此汇入沙溪。优越的区位和发达的水运，使贡川成为客商水路运输货物的集散地。而且这里山多，竹林面积大，手工业和商业发达。大约在明代中期，贡川已是永安四大集镇之一。贡川生产的草席被誉为“贡席”，其制作工艺为福建省非物质文化遗产保护项目。贡川笋干远销闽浙赣三省，并建立了专营笋干的行业组织——笋帮公栈。

贡川古镇人杰地灵。陈雍定居新发冲，带来了中原的儒家传统文化，其后人陈瓘、陈渊都是宋代的理学家。宋代以来贡川出了2名探花，16名进士，13名举人，24名贡生。陈氏家族“一门双理学，九子十科名”传为佳话，宋代皇帝赐陈氏故里“大儒里”，并立牌坊志之。

贡川保留一些独特的习俗，如春节迎百神、放花船送瘟神、中秋摸秋、“官丸烧麦宴”等，地方风情浓郁。

2. 村落形态

贡川地处河谷盆地之中，远有群山环抱，近有二水绕流，形成了背山面水、山环水抱的格局。贡川人还依地形地势筑起城墙，构成古镇的安保体系。

贡川的主街由龙凤路、四桥路、延城路和正顺巷（即原来的前街、后街、官街）组成，首尾相连形成环路。龙凤路旧时是古镇连接沙溪的交通干道，经贡川集散的物资要先到这里，再分往商业街各店铺。延城路是现在贡川的交通干道，由南向北穿过古镇镇区。纵横交错的巷道分布在主街围合的空间内，比较有名的有禾鳝巷（旧名金狮巷）、胜利巷（旧名进士巷）、朱紫巷、后巷。小巷曲折幽深，两旁住宅密集，路面主要用鹅卵石铺设，重要的巷道也铺条石。小巷的历史风貌犹在，其中胜利巷保留最为完整。以禾鳝巷为中心的区域，成片成块地保留着一批家祠与民居，形成古意悠悠的浓浓氛围。

贡川古建筑的类型十分丰富，除了最具古镇形象特征的城墙、城门，还有祠堂、民居、庙宇、廊桥、商会会址等。很多公共建筑散落在街巷中，与周围民居在布局、结构、装饰等方面和谐统一。

3. 古建鉴赏

（1）城墙

贡川城墙于明嘉靖四十一年（1562）修筑，东、南面环水，西、北面依山，环绕贡川镇一周。城墙长2000米，高7米，有墙垛和瞭望口。设7个城门，由西到南到东到北分别为：延爽门、小溪门、南门、新城门、临津门、攀龙门与观成门。除了小溪门，城门上都建有城楼。墙基用河卵石、花岗石等砌筑，墙体青砖包砌。砖上印有“贡堡”“贡川”字样，并有烧制工匠的姓名。城墙现存约900米，城门现存5个，攀龙门至会清桥这一段城墙保存较为完整。按照中国古代城池建制的规定，只有州县以上才能建城墙，贡川建城墙是为了防御匪贼而特批建造的，很有价值。

（2）祠堂

贡川是多姓聚居的聚落，各姓都有宗祠或家祠，最盛时曾有三十多座。目前保留下来的祠堂有十几座，以陈氏大宗祠、机垣杨公祠、刘氏家祠、姜氏宗祠最有代表性。

陈氏大宗祠始建于明万历三十三年（1605），清康熙三十六年（1697）重建，光绪十六年（1890）重修。占地面积3027平方米，坐西向东，依次为门厅、前厅、大厅、后院，前厅与大厅的两侧建有侧厅。前厅面阔七间，进深三间。大厅面阔五间，进深五间，设神龛。该祠共有3座门楼，气势非同一般。第一道门楼是石牌坊“大儒里”，四柱三开间柱出头。第二座是木门楼，五开间五屋顶跌落，屋顶以斗拱承托出檐。门楼两侧有石狮和抱鼓石。第三座是石雕门楼，五屋顶跌落，门额中书“世承天宠”。大厅明间采用抬梁式构架，施月梁，三架梁、脊檩、卷棚的檩都以雕花的垫托承托，木雕细部采用红底镏金的做法。穿枋处理成中间胖、两端卷翘的形状，形似飞翔的蝙蝠。雀替以镂雕的花草或丁头拱为主。脊檩处理成梭状，两头做包袱，中心雕刻牡丹，红底镏金。柱础有镜鼓、方斗、八角、莲花等造型。方砖幔地。挡溅墙与屋脊处的灰塑、彩画精美。祠内保存大量的匾额和对联，昔日的荣耀尽显其中。

（3）民居

贡川传统民居以合院式为主，平面布局有三个特点。一是入口处理独特。民居的大门一般开在侧面，有些民居虽然门与厅的朝向一致，却偏一边，进门后是个小天井，天井的侧面再设一个门楼，转折进入建筑主体。二是面阔大。面阔五开间的民居非常普遍，七开间的为数不少。当地做法是将七开间的中间三开间或明间辟为厅堂，稍间或次间作为卧室，卧室的两侧为侧厅，侧厅前设置小天井，位于厢房的侧面。这样既巧妙地规避了“逾矩”问题，又满足了方便使用的需求。金鱼堂、严进士宅均属于这种布局。三是大宅中往往附设学堂或书楼、书院，用于培养本家子弟学文习武。现禾鳝巷6号姜宅、12号张宅还保留当年的书院、书楼。

金鱼堂建于明天启四年（1624），占地面积1577平方米，坐西北朝东南，二进七开间布局，中轴由前厅、大厅与后院组成。主体建筑周围留通道，外围墙为青砖空斗墙，基础石砌。入口空间丰富，第一道门朝东南，第二道门转折朝西南，大门又转折朝东南，前厅内有一照墙。大厅中心三开间为主厅堂，两稍间开间较大作侧厅，前留小天井，尽间为卧室。方砖幔地，不施柱础，有明代建筑遗风。月梁、穿枋、雀替等部位的做法与陈氏大宗祠大同小异。廊檐以二跳丁头拱承托出檐，斗拱古朴大方。挡溅墙墙头处理成葫芦状，灰塑彩绘淡雅。

严进士宅是明万历三十五年（1607）进士严九岳的旧宅。建于天启年间，坐东北朝西南，三进七开间布局，由前厅、中厅、后厅与后院组成。前厅之后是全宅最大的天井，天井中间和两边以不同材质铺地。中厅面阔七开间，尽间为侧厅，周围房间以卧室为主。梁架细部处理具有地方特色。宅内现存有“天宠存承”“巴陵师帅”“文魁”“进士”匾额。

（4）宫庙

贡川庙宇之多居永安之首，有正顺庙、东岳庙、显佑祠、临水宫、天后宫、慧照庵、关帝庙、感恩寺等，现存最好、最有代表性的是正顺庙。

正顺庙始建于宋代，清康熙五十九年（1720）重建，祀术士谢佑（日月盈光大帝）。坐西向东，占地面积237平方米，二进三开间布局，由门厅、过廊、大厅与后天井组成，重檐悬山顶。砖门楼三屋顶跌落，砖雕精美。梁架精雕细刻。大厅中施藻井，藻井外为四边形，内为八边形，中彩绘双龙戏珠。大厅两侧壁画山水、动物，淡雅古朴。

（5）会清桥

会清桥建于明成化二十一年（1485），清道光二十年（1840）重修。该桥为3孔石拱廊桥，横跨胡贡溪，桥长41米，宽7米。桥身用丹霞石垒砌成拱券形，上覆以木构廊屋。廊屋11间，屋架斗拱有一斗三升式和如意斗拱出挑等，中部施藻井并设神龛，祀真武大帝。两侧设护栏、长凳，檐下施挡板。桥头建高大的木牌坊式门楼，斗拱重叠，气势不凡。中部升起重檐歇山顶的楼亭，飞檐翘角，造型优美。该桥位于胡贡溪与沙溪交汇处，附近是明代城墙、古水门、古码头以及古庙、古井，形成一个极富特色的水口景观。

（6）笋帮公栈

笋帮公栈是我国迄今发现的年代最早的笋业行会旧址。建于清顺治三年（1646），坐北朝南，由门厅、天井、厢廊、大厅等组成，围以风火山墙。门厅、厢廊为一面坡顶，大厅双坡顶。均为穿斗式木构架，大厅前部减柱造。大门上方石门匾刻“笋帮公栈”四字。

贡川镇人文荟萃，建筑类型丰富而独特，具有较高的保护和研究价值。

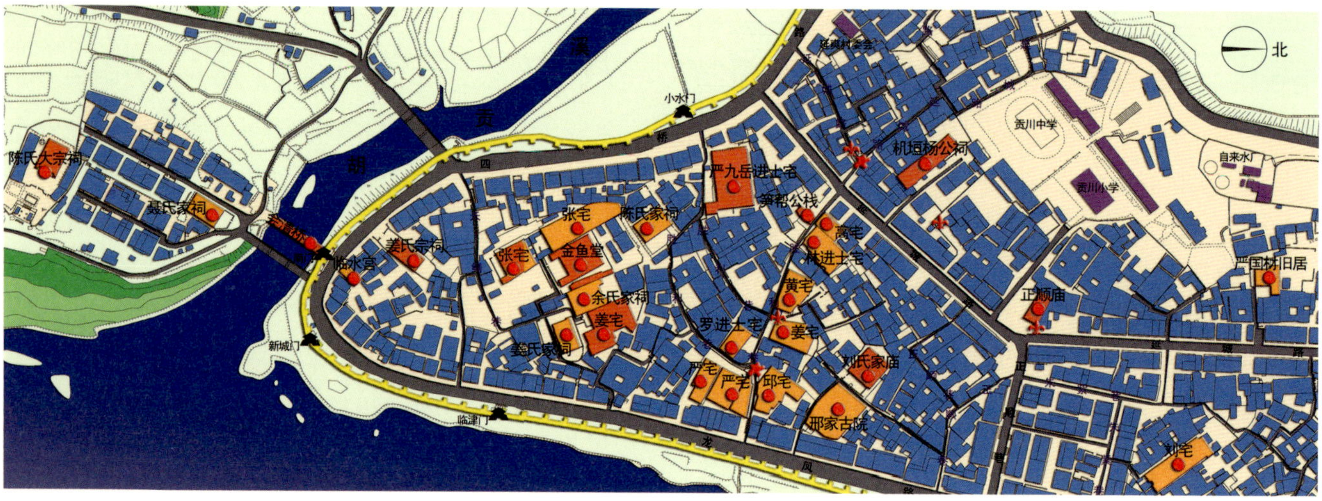

⊙总体布局

⊙陈氏大宗祠—立面

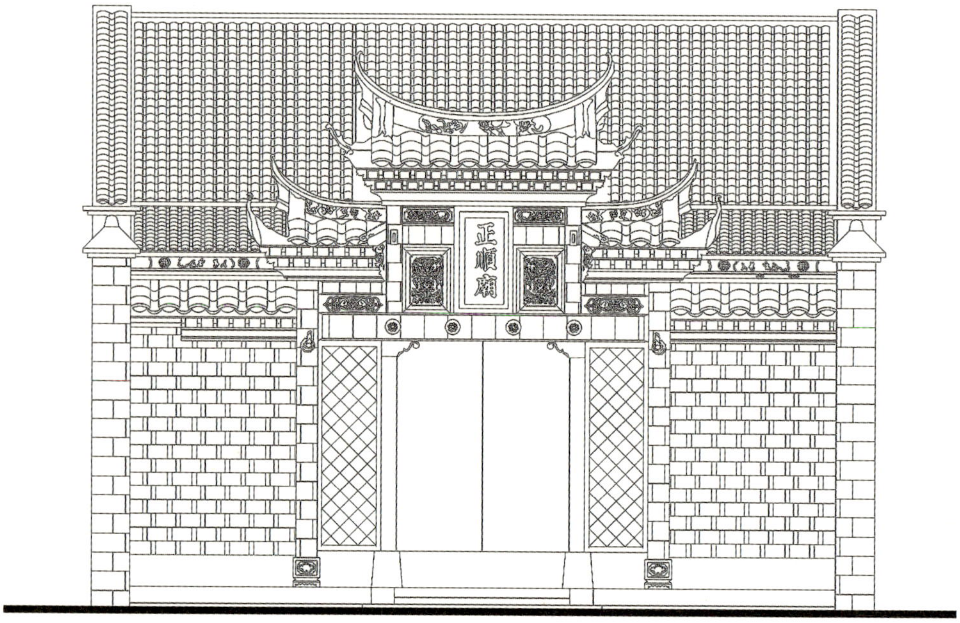

⊙正顺庙—立面

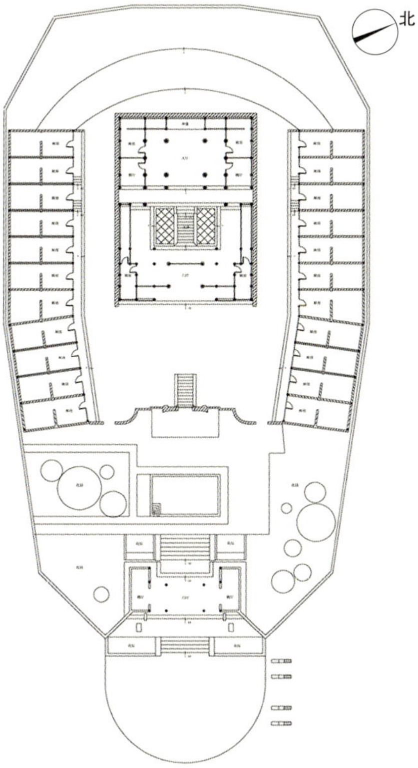

⊙陈氏大宗祠—平面

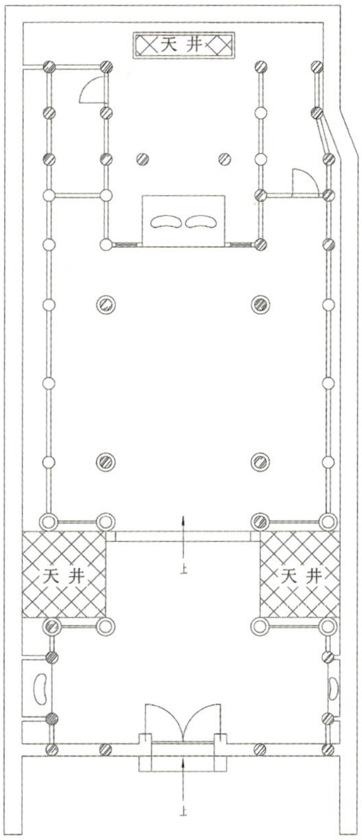

⊙正顺庙—平面

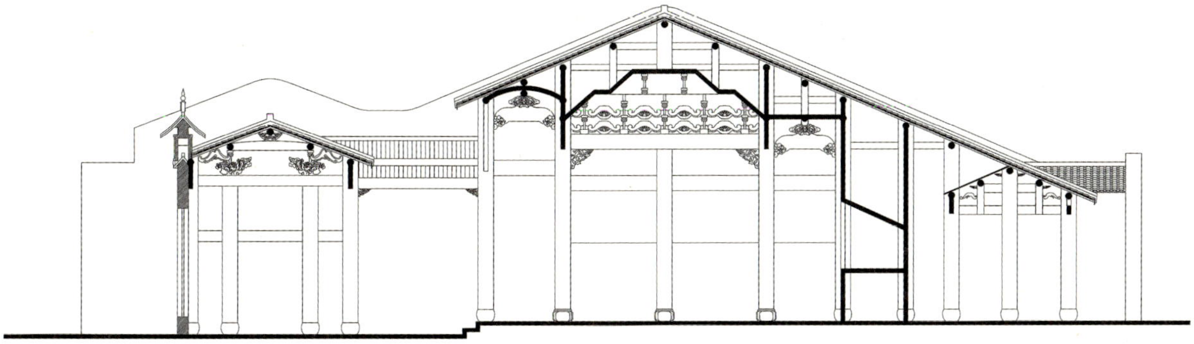

⊙正顺庙—剖面

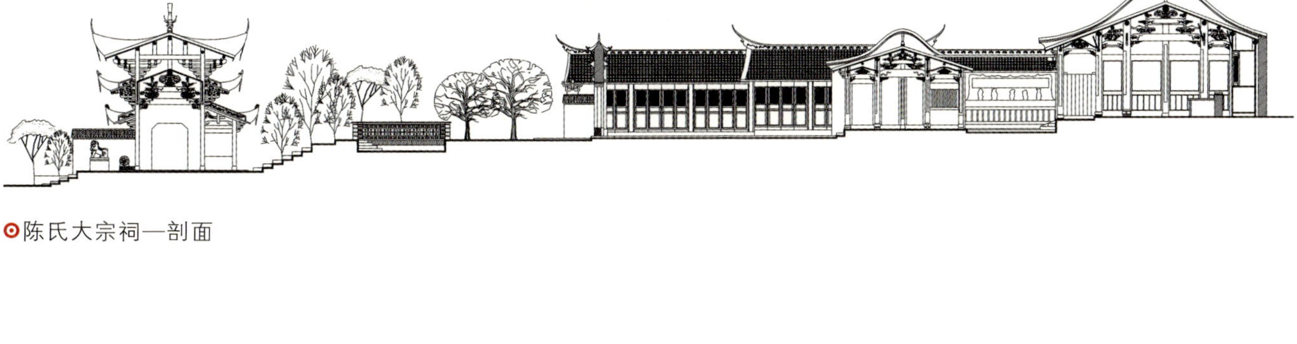

⊙陈氏大宗祠—剖面

会清桥

贡川城门

贡川城门

贡川城门

机垣杨公祠

姜氏宗祠

城门墙

贡川城门

⊙姜氏宗祠

⊙机垣杨公祠

机垣杨公祠

⊙机垣杨公祠

⊙严氏宗祠

邱氏家祠

邢氏家祠

贡川城墙

陈氏大宗祠

陈氏大宗祠

⊙追远堂

⊙金鱼堂

金鱼堂

金鱼堂

金鱼堂

金鱼堂

张宅

金鱼堂

张宅

张宅

严进士宅

张宅

东岳庙

严进士宅

⊙正顺庙

正顺庙

正顺庙

会清桥

会清桥

⊙会清桥

⊙会清桥

⊙笋帮公栈

筍幫公棧
“笋帮公栈”始建于清代，占
地97平方米，座南朝北，单檐硬
山顶。清光绪年间，“闽西八大
干”之一的永安笋干畅销京城各
地，享誉大江南北。每年三月全
国各地的笋商云集于此
笋帮公栈

⊙笋帮公栈

⊙笋帮公栈

⊙廊桥神龛

贡川街道

贡川刘氏家祠

刘氏家祠内景

正顺庙藻井彩画

⊙正顺庙虎边壁画

⊙正顺庙龙边壁画

⊙金鱼堂内景

赖坊村

1. 历史概况

赖坊村是赖坊乡政府所在地，位于清流县南部，距县城56千米。

赖坊的村民除30余人为黄姓外皆为赖姓，是客家民系赖氏一门中较为完整的支脉。清流赖氏始居颍州，因兵乱迁徙，几经辗转，唐末徙居上杭古田。北宋时，赖坊赖氏肇基者一郎公和其弟九郎公迁居清流赖安、赖武（即赖坊），经数百年拓土耕植，明代赖坊已成为“居民聚而为乡落，与坊庐相望，室庐相接，鸡犬相闻，庶矣哉”的富庶之乡。

土地革命时期，由毛泽东、朱德率领的红四方面军，彭德怀、滕代远所部东方军，由粟裕等率领的红军北上抗日先遣支队等红军队伍，分别于1930年、1933年、1934年数次经过或驻留赖坊。至今，赖坊尚存红军军事会议旧址、红军标语等革命史迹。

赖坊的民俗活动相当精彩，走花市（也叫“走古事”）、抬菩萨、舞三狮、汉戏、傀儡戏等都得到很好的延续。

2. 村落形态

赖坊坐落在大丰山北麓的低山丘陵及河岸台地上。村落坐东向西，以高大的后垄山为靠，南北两侧有连绵起伏、山势较低的护龙，文昌溪从村庄西侧蜿蜒流过，溪流前方远处还有一些不高的小山包，形成背山面水、负阴抱阳的地理环境。

赖坊的建筑基本上是沿溪展开布局，向纵深腹地推进，直达山麓。赖氏公共的祠堂设在村中最显要的位置上。如赖氏祖庙建在村东部地势较高之处，背靠青山古树，前有宽阔的明堂和流淌的水圳，风水好，景色佳。赖氏宗祠位于桥头真武庙旁，交通便利，四通八达。各支房民居以各自的支祠为中心环列而建。其他如城门、庙宇、学宫、商店、牌坊、桥梁、码头、水井等设施一应俱全，表现出农业社会聚族而居、自给自足型的聚落特色。

村中古街道主要有3条，镇安门街为上街，楼房下街为中街，真武街为下街，全长约700米，宽度3~4米，原用卵石或条石铺地。主街两侧的商铺有穿门式和挑窗式等形式，以经营当地土特产和日用杂货为主，有的至今仍在使用。现在主街是乡村圩日及举办各种民俗活动的场所。巷道铺卵石，主要巷道宽约1.5~2米，小巷仅容一人通过。古巷道主要有井弄、井头弄、大坂头弄和真武弄，贯通村庄东西两端。巷道曲折幽深，每个转角处的土墙、房舍均相似，无明显标识。这种迷宫般的设计具有防盗御贼的功能，外人进村后很容易迷路，本村人却能通过一处处宅院的偏角门在村中任意出入。

赖坊的大圳沟水网可以说是早期较完善的市政基础设施。它由两条山溪经改造后在村东南高处汇合，分4条支流沿街巷流淌。水圳不仅方便村民日常洗涤和灌溉，而且具有消防功能。如果某家不慎失火，打开或堵上相应的水闸，水很快便漫进这家天井，方便灭火。现水圳的水质依然清冽，成为赖坊的一道风景线。

3. 古建鉴赏

（1）祠堂

祠堂是赖坊规格最高的公共建筑。现存的祠堂以赖氏祖庙、赖氏宗祠、九郎公祠、敬公祠较有代表性。

赖氏祖庙始建于南宋末年，现存建筑为清咸丰八年（1858）重建。坐东向西，由门埕、门楼、门厅、天井与大厅组成，天井两侧为廊。祠内供奉赖坊开基五祖。外门楼五间五山跌落，飞檐翘角，非常壮观。门框、门柱与门枋为红砂岩，门额石雕“赖氏祖庙”，两侧砖雕山水、建筑与人物，形象逼真。其余部分原为黑白壁画与灰塑，现仅檐口还依稀可见壁画局部。内门楼为砖构三山跌落牌坊式，歇山顶，以四跳如意斗拱承托出檐。门额中书“源远流长”，两侧及上方雕刻生动的人物、花草、瑞兽，门脸雕刻龟田纹。柱础雕刻花鸟或做成南瓜状，十分精美。

赖氏宗祠建于清乾隆年间，坐东向西，由门楼、门厅、天井与大厅组成，天井两侧为厢房。大厅设神龛供奉赖氏历代宗亲。门楼为八字三山跌落，立面简洁。大厅明间抬梁式，山墙面采用墙体承重，但灰塑做成穿斗构架的形式。梁枋两端与雀替木雕较讲究，其上还施以红底黑色的彩绘。大厅两壁墨书大字“凤起蛟腾”，天井两厢花窗砖雕草龙盘成的螭虎纹，中间嵌以“敦伦睦族”四字。

（2）民居

赖坊现存传统民居80座左右，保存状况较好的有17座。其平面基本是以“三合天井”或“四合中庭”式为基础发展变化而来。民居以横向发展为主，如“迎薰”宅为二进五开间四直横屋。小型民居一般是一进或二进厅堂加一直或二直横屋，如“攸叙”宅。中型民居一般是三进厅堂加一直或二直横屋，如“彩映庚”宅、“翰林第”宅。少数大型民居有四进五开间二直横屋的布局，如“棠棣竞秀”宅。赖坊民居门楼的砖雕和梁枋、雀替、窗扇的木雕工艺精湛，是建筑艺术精华之所在。

“彩映庚”宅建于清光绪年间，由世袭郎中赖其章及其父所建。占地面积约500平方米，坐东向西，三进三开间左侧横屋布局，穿斗式木构架。大门、门厅偏于左侧，与下厅、大厅不在一条中轴线上。下厅悬“父子明经”匾额，大厅悬“万世恩荣”匾额。该宅门楼和隔扇的雕刻极为精美。门楼为八字三开间三山跌落，门框石构，门额中书“彩映庚”，门额上高浮雕四狮戏球；门额两侧砖雕垂柱，柱中雕刻的图案寓意“四季平安”，垂柱两侧及次间额枋上浅浮雕的图案寓意“丰足美满”；檐下层层叠涩的线脚上也是密密麻麻的浮雕，门脸雕刻龟背纹；屋顶飞檐翘角，脊中饰“寿”字砖雕。门楼前石狮和抱鼓石雕刻生动。隔扇的木雕主要有两种，一种是格心镂雕，以造型多样的龙凤组合成“纲、常、伦、理、福、寿、财”等字；另一种隔扇格心是实心板，板上浮雕花草、瑞禽、瑞兽等。两种隔扇相得益彰，绦环板部位的雕刻尤其生动逼真。

（3）宫庙

龙泉寺位于村西南水口处，始建于明正统年间，供奉观世音菩萨。寺由山门、主殿、配房组成，除山门、围墙外均为现代所建。寺后有山泉一眼，常年不涸，村民奉之为“龙泉”。

真武庙位于村口一株浓荫蔽日的古樟树下，始建于明万历年间，单檐悬山顶，面阔三间，进深三柱，内奉真武大帝神位。

（4）城门

赖坊原有两座城门，东门为奎星门，西门为镇安门。东门及之上的奎星楼已毁，现存西门。西门用褐色花岗岩砌筑，拱券顶门洞，门楣上方叠涩出跳，硬山两坡顶。门楣阴刻“镇安门”，左下方镂刻“嘉靖己未年”年款。

赖坊村的传统格局完整，历史风貌犹存，是研究客家古村落的重要实例。

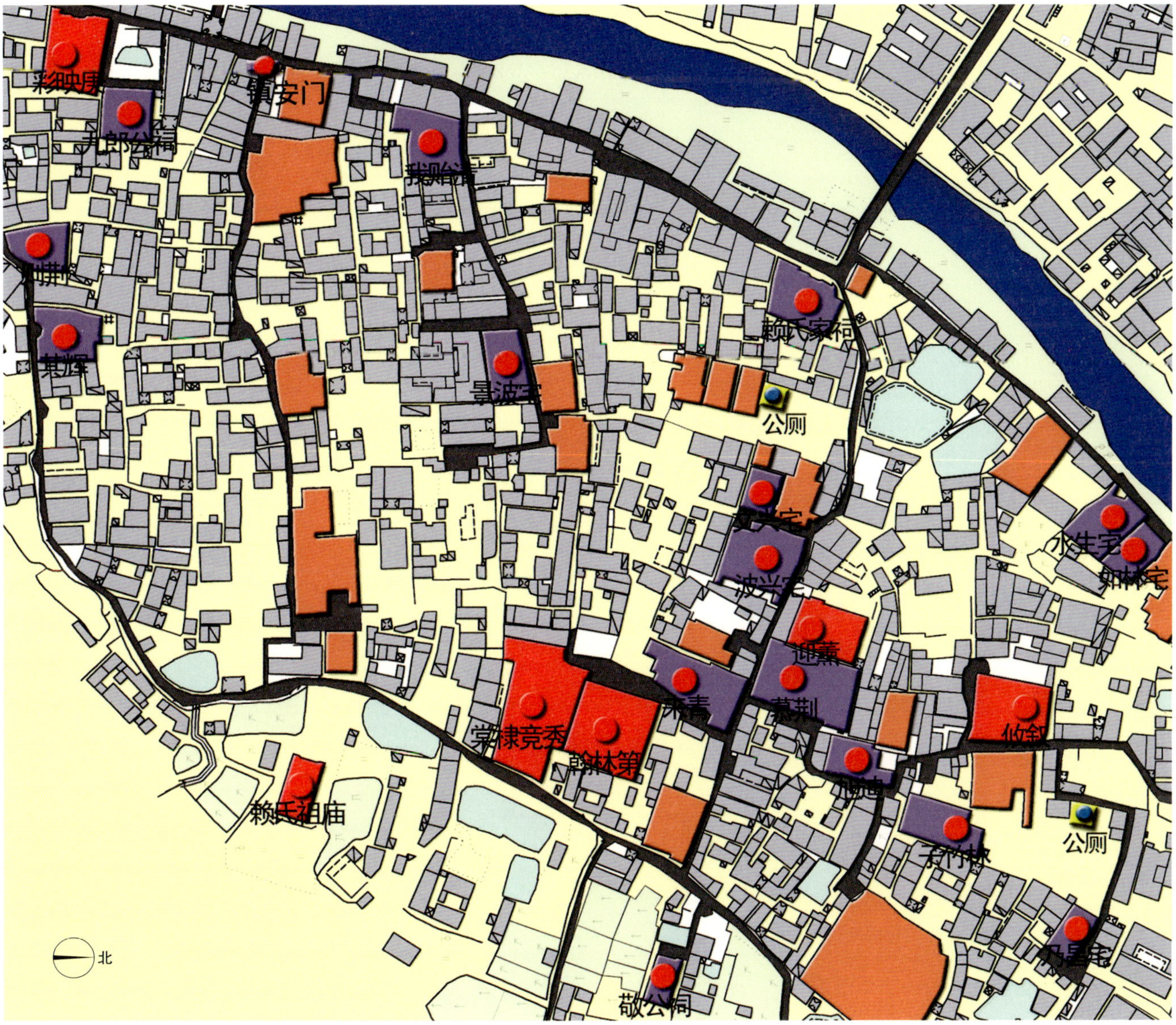

⊙总体布局

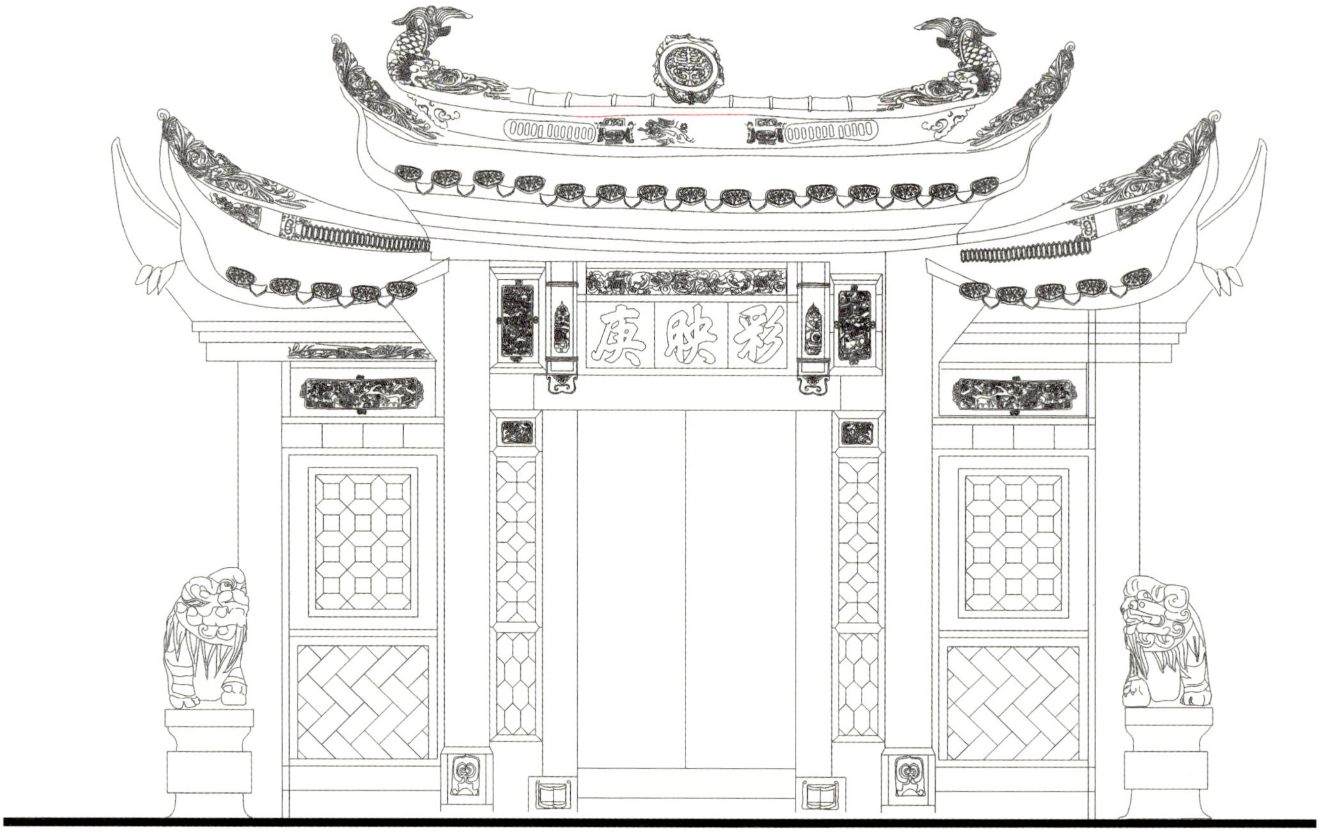

"彩映庚"宅—立面

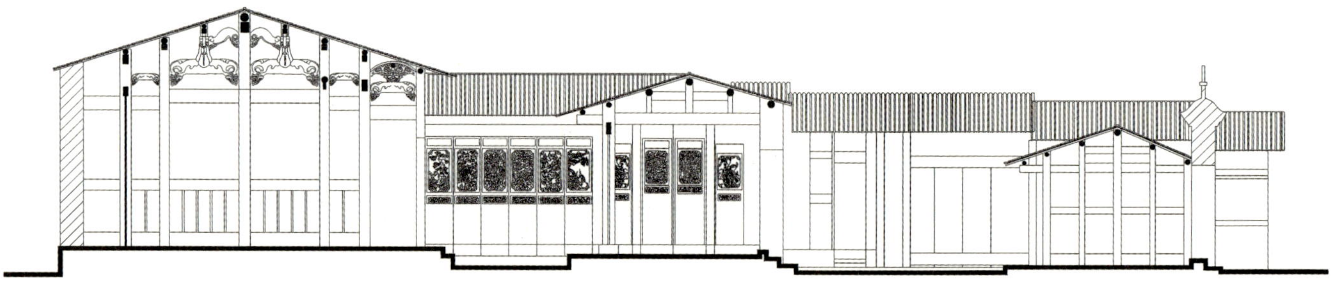

"彩映庚"宅—剖面

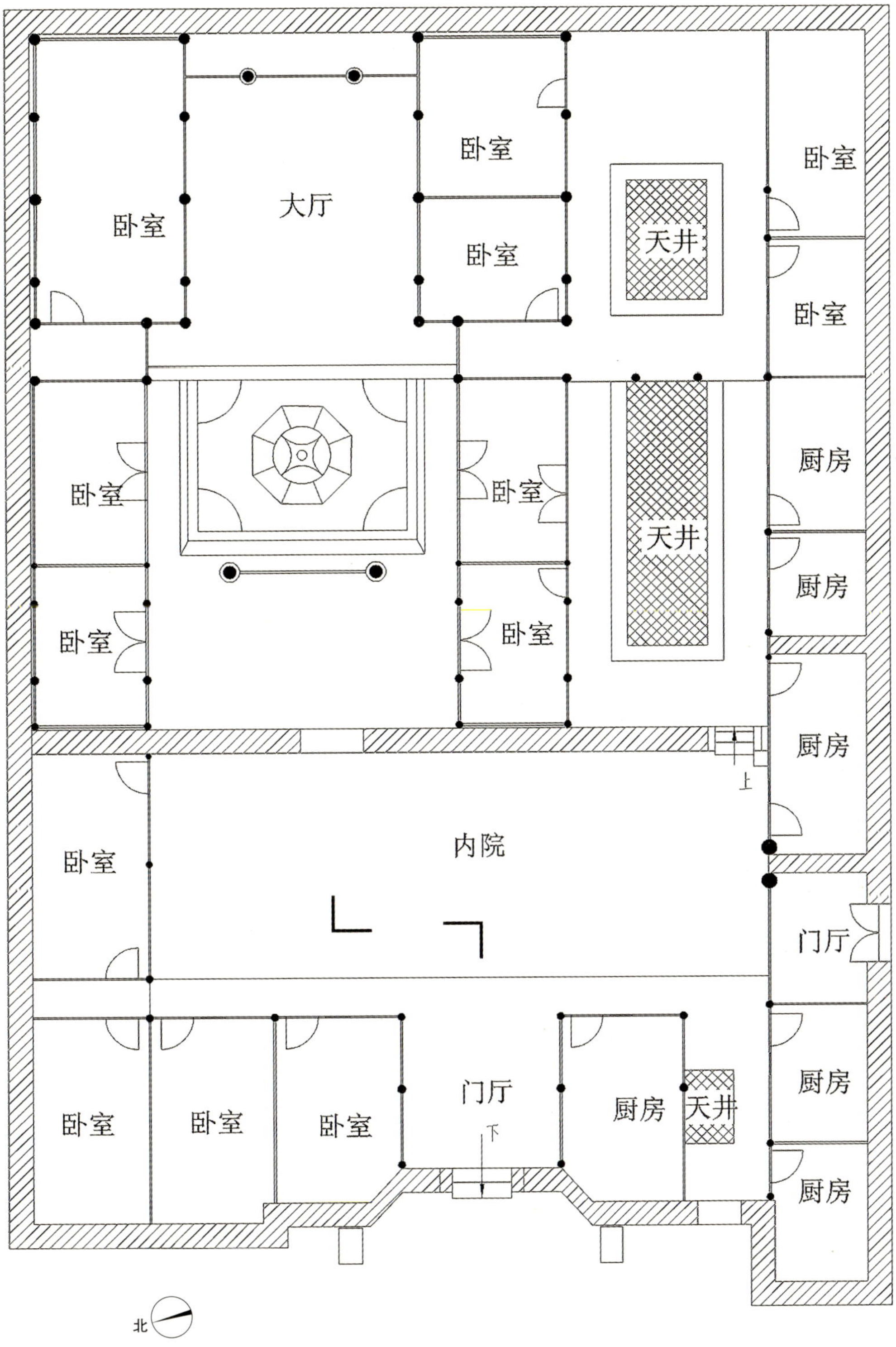

卧室
大厅
卧室
卧室
天井
卧室
卧室
卧室
卧室
厨房
天井
厨房
卧室
卧室
厨房
上
内院
卧室
门厅
卧室
卧室
卧室
门厅
下
厨房
天井
厨房
厨房
北

◎“彩映庚”宅一平面

⊙赖坊村

⊙赖坊村石级

⊙“攸叙”宅大厅

⊙神龛

赖坊民居内景

赖氏祖庙

祖庙壁画

祖庙壁画

"囍"字花窗

"福"字装饰

“彩映庚”门楼

赖坊民居

赖坊民居内景

赖坊民居

赖坊民居

赖坊民居内景

镇安门

湖头镇

1. 历史概况

湖头镇位于安溪县东北部清溪畔，因四面环山，中有一水，状若大湖而得名。镇区有铁路、高速公路和307省道穿境而过，往东南方向可直达安溪县城。

湖头镇五代时称“阆湖”，北宋时称“湖山”，南宋孝宗年代始称“湖头”。古代山区没有公路，交通极不方便。湖头李氏六世祖李森率众开通了从湖头到泉州的航道，这条水路成了永春、德化、大田、漳平等山区内地通往古泉州的唯一路径。湖头逐渐成为闽中、闽南山区土特产和外面的海味、洋货、食盐、布匹、药材等的重要集散地和销售中心，来自永安、大田、德化、永春、仙游、晋江、惠安、华安、同安等地的生意人，都赶来这里交易，不少人因生意需要而定居下来。昔日的湖头市场繁荣，贸易不逊色于泉州，因此有“小泉州”之誉。

湖头不仅经济发达，而且人才辈出。明清两朝，入科第者99人，其中榜眼1人、进士22人、举人52人、武举人3人，最著名的是清康熙九年（1670）进士、清代名臣李光地。李光地（1642-1718），字晋卿，号厚庵，谥文贞，是清康熙年间文渊阁大学士兼吏部尚书，康熙皇帝的得力辅臣。湖头理学文化突出，清代理学以清初闽学派李光地及其弟李光坡为代表。镇内明清时期文物古迹数量众多，保存完好。民间文艺活动丰富，较有名的文艺形式有九角戏、水车阁、南音等。

2. 聚落形态

湖头地处群山环抱的河谷盆地，镇北有月峰、碧翠峰为坐龙，两侧有五阆山等群峰拱卫，南有泰山岩、三台山等为案山，中间开阔平坦之地为镇区所在地，清溪由北向南贯穿全镇，形成山环水抱、风光旖旎的自然景观。

湖头镇区从沿溪码头开始，向清溪的西侧腹地发展，直抵山脚。古镇以贯穿东西的中山街为轴线，逐渐形成街巷。明清时期，中山街两侧骑楼的店铺林立，商贾云集，热闹非常。各条小巷与中山街以不同角度相交，又往纵深方向自然发展，部分小巷还保留着鹅卵石铺就的路面。街巷两边的建筑呈以血缘为中心的布局，部分民居、祠堂仍然保持明清时代的建筑风格，大气古雅。

如今中山街被拓宽，两边的骑楼、店铺大部分不复旧貌。所幸古镇街巷的大致空间形态还存在，主要的小巷还保留比较完整。小巷两侧及纵深腹地的明清古建筑以李光地府第、祠堂为代表，有四五十座清代民宅大院，体现了山区与沿海交接点的民居建筑特色。湖头镇现存古建筑中，有3座被列为全国重点文物保护单位，51座被列为县级文物保护单位，其中民居29座，宗祠或支祠15座，寺庙10座。

3、古建鉴赏

（1）祠堂

湖头镇宗祠众多，几乎每一大姓都有一座祠堂。最有代表性的祠堂有贤良祠、李氏家庙、宗兴堂等。

贤良祠始建于清康熙二十四年（1685），原为李光地的书屋，因榕树成荫，称“榕村书屋”，雍正皇帝为表彰李光地而改为今名。该祠坐西向东，占地面积约1000平方米，采用园林的布局手法，后有假山花园，前有御碑亭、荷花池、临水轩和小桥。中心为三进三开间的建筑：一进为门厅；二进为正厅，抬梁式木构架，悬山顶；三进为藏书楼。正厅陈列李光地的大量遗物、遗稿，厅堂墙壁嵌大理石，镌刻康熙御书“太极图说”“巡子牙河建坝诗”“恭临唐太宗劝农诏”“朱文公家训”等和雍正褒扬李光地的“谕祭文”，极有文物价值。

李氏家庙是李氏的总祠，坐北朝南，占地面积约2000平方米，四进五开间布局。该祠始建于明代，清初扩建重修，但基本上保留了梁架原有的做法，明间抬梁式木构架，次间抬梁穿斗混合式。大门横额镌刻“李氏家庙”，对联为“海内推十大姓，郡志载小泉州”。祠内有皇帝敕文、御赐“急公尚义”“夹辅高风”匾额等。柱础造型多样，石雕题材丰富，生动逼真。水车堵与挡溅墙采用泥塑与彩绘相结合的手法。

（2）民居

湖头现存的古建筑中保存最多的是民居建筑。湖头民居平面布局形式丰富，有在泉州地区被称为“三间张”“五间张”的合院式建筑，有规模宏伟的府第式民居，还有“手巾寮”“一条龙”式的街屋民居，以及中西合璧的“番仔楼”。最有特色的是府第式民居，其主要特征是前埕后厝、三或五开间加双护厝、红砖白石墙体、悬山顶、双翘燕尾脊。新衙、旧衙、问房大厝、二衙新江西厝、四衙合元大厝、溪后渡大厝、景新堂等官宦府第建筑是这种民居形式的典型代表，也是湖头保留最好、最有技术与艺术价值的古建筑。

新衙又名“昌祐堂”，为李光地的府第，始建于清康熙三十七年（1698）。该宅占地面积3120平方米，坐北朝南，四进五开间双护屋，东西巷，四周筑围墙。东巷北端进口处为报房和接官亭，是当地建筑中绝无仅有的布局。二进为接官厅，三进为正厅，各进分别挂有康熙皇帝和名人题的匾额、对联。建筑内部空间高敞，用材硕大，明间抬梁式木构架，次间抬梁穿斗混合式。外立面装饰突出红砖文化特色，大门对联“相门知理学，府第传乾坤” 凸显了官宦之家的身份。水车堵的泥塑以“二十四孝”典故为题材，挡溅墙同样饰以彩画与泥塑，造型逼真。

旧衙又名“昌和堂”，为李光地的旧居，占地面积约1200平方米，平面布局、细部做法等与新衙相似，只是不做东西巷与接官亭。厅堂对联“绮罗日暖将军府，弦管春深宰相家”将相府的气势展现无遗。

（3）宫庙

湖头的宫庙建筑有关帝庙、魁镇庙、惠泽庙、溪坂庙、荣东庙、泰山岩、兴福庙、七寨祖庙等。这些宫庙始建年代久远，但因种种原因基本上已不复旧貌。近几十年重建的庙宇有的虽然装饰繁琐，但反映的是现代的工艺水平，历史价值一般。

湖头镇是闽南现存的为数不多的传统聚落之一， 保留至今的官宦府第建筑群具有较高价值。

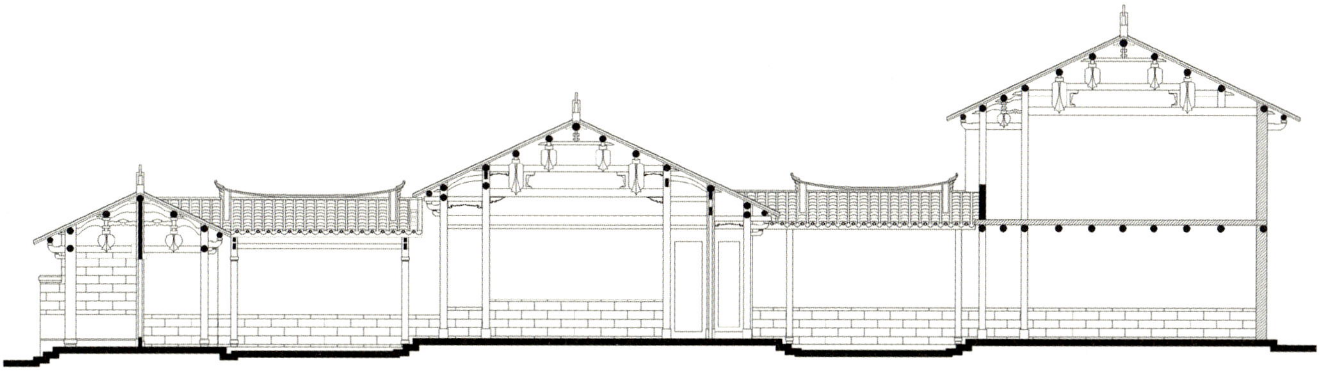

⊙贤良祠—剖面

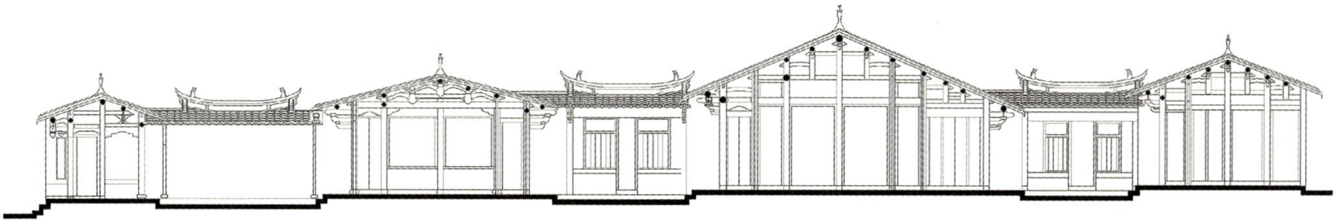

⊙昌祐堂—剖面

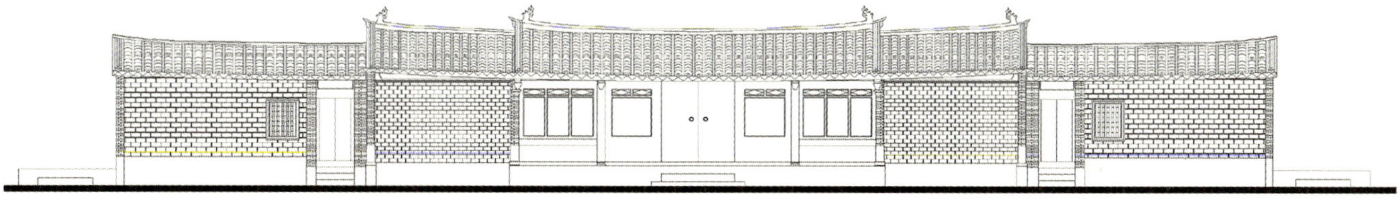

⊙昌祐堂—立面

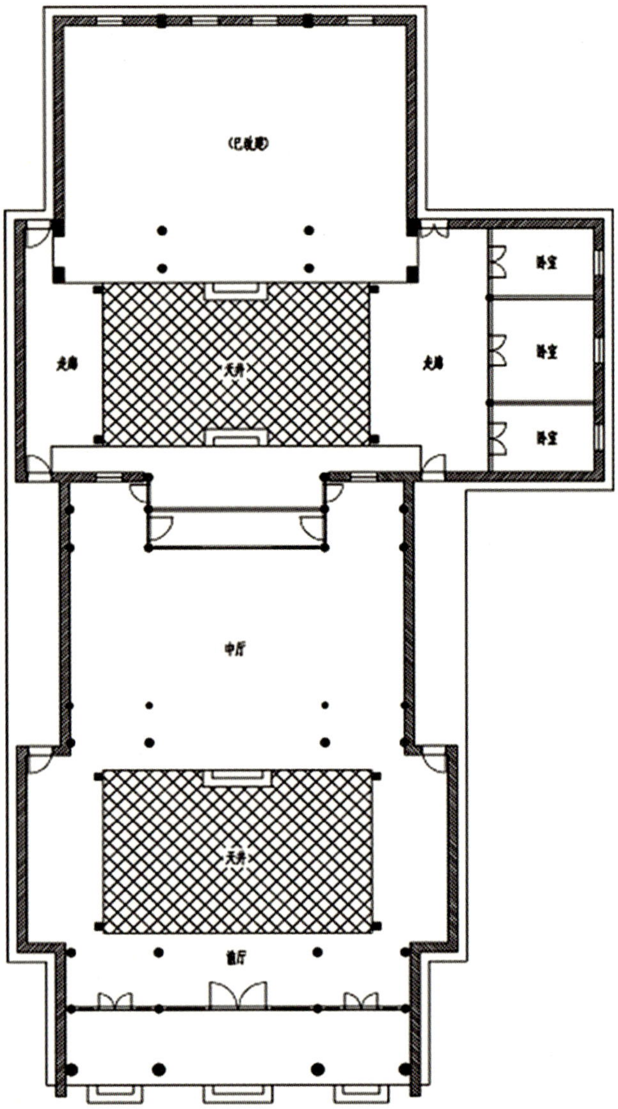

⊙贤良祠一平面

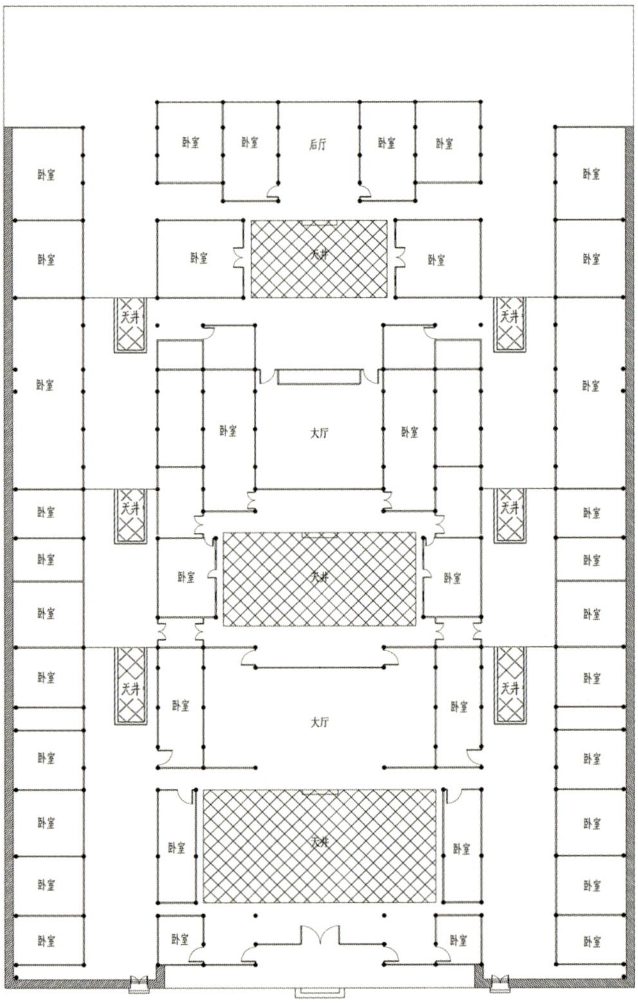

⊙昌祐堂一平面

⊙湖头镇街巷

⊙湖头镇街巷

⊙贤良祠内景

⊙贤良祠内景

⊙湖头贤良祠的荷花池与临水轩

二衙新江西厝

红砖砖雕

二衙新江西厝内景

⊙湖头民居内景

⊙问房五斗大厝大厅

贤良祠

⊙湖头宗兴堂

⊙宗兴堂内景

⊙宗兴堂内景

湖头宗兴堂大厅

湖头景兴堂

湖头溪后渡大厝

溪后渡大厝大厅

屋宇参差

湖头新衙昌祐堂

新衙昌祐堂鸟瞰

湖头旧衙昌和堂

旧衙昌和堂

昌和堂内景

⊙湖头宫庙内景

⊙湖头魁镇庙

⊙湖头关帝庙

⊙湖头宗城土楼

⊙宗城土楼拱形石门

港里村

1. 历史概况

港里村古称黄螺港、贤良港，位于莆田市南部滨海处，东接莆禧村，西连山柄村，北靠山亭镇，南面与湄洲岛隔海相望。村中有公路通往省道和高速公路，距莆田市区42千米。

港里是妈祖诞生地，自宋至今，妈祖信仰文化传承不息。妈祖是著名的海上庇护女神，她由人到神，由神女到夫人、圣妃、天妃以至天后，受历代朝廷的褒封，极享殊荣。妈祖信仰也深入民间各地，有水的地方基本都有妈祖庙。尤其在台湾，妈祖庙有数百座，信徒占居民总数的三分之一。现港里村中有成为闽台及全国各地信众朝拜中心的天后祖祠，有闽台信众集资重建的妈祖故居，还有妈祖“窥镜得符”的南宋古井，以及传说中妈祖父母祈求观音赐子的接水亭等。

港里的传统产业是海运和渔业。五代时港里所处的港湾已有码头，宋代因码头而跃为繁华的商埠，元、明时贤良港进入发展的鼎盛时期。这里繁华的原因，一是妈祖不断受到朝廷褒封，给被确认是妈祖诞生地的贤良港增添了神秘风采；二是贤良港有良好的避风港湾和长达数百米的优良码头，因此商贾云集，经济繁荣。明代在港里聚居的多达二十姓，至今村里还留存着这些姓氏的地名遗址，如西吴宫、吴祖社、田厝、欧何埕等。现港里村的村民以林、徐、黄三大姓为主。

港里村有特色的风情民俗往往渗透在妈祖信仰文化之中，“妈祖元宵”“妈祖回娘家”“祖祠祭奠”等习俗沿袭几百年，活动十分隆重。

2. 村落形态

港里村依山面海，坐落在黄螺山上。村落坐西北向东南，以洞山为后靠，狗头山、柄山为朝案，拢螺山、湄屿为左砂，象山为右砂，收大门入港的海潮水为明堂之水。港里北面的洞山之后又有高峻挺拔的龟头山、鳌山和剑塘山连成一体，成为村落的祖山，它们有效地挡住了凛冽的北风，使贤良港成为天然的避风港。

港里周边的自然景观也很优美。黄螺山前的“三柱香”礁石若隐若现，传说妈祖曾在此处引导船只入港。黄螺山东边的福慧寺前有一片柔软的沙滩，呈弯月形，景色宜人。此外，“妈祖印”礁、风水树等天然景物，也都有着美丽的传说，充满人文韵味。

港里村由10个自然村组成，目前古建筑、古文物保留比较多的是上后厝、宫兜和港尾。上后厝自然村是林姓的聚居地，集中了众多的文物与自然景观，如天后祖祠、妈祖故居、福慧寺和五帝庙、昊曦宫、宋代航标石塔、明代摩崖石刻、受符井、三柱香礁石，还有一些保存状况较好的传统民居。天后祖祠位于聚落进出的主要地段，民居以之为中心，结合地形展开布局。宫兜自然村原为黄姓的聚居区，随着黄姓大量前往“小港里”居住，黄氏宗祠也被迁建，现成为徐姓的聚居地。宫兜的标志建筑是位于贤良港东侧的灵慈东宫。港尾自然村则以位于贤良港西侧的灵慈西宫为中心展开布局。

港里的建筑先是分布在贤良港口方便渔业往返处，以后逐渐往山坡上发展，多集中在海拔20~100米之间。村内道路随坡起伏，路的宽度2~5米不等，路面铺设条石、海边杂石或是带路阶的山坡路。建筑单体顺应地形，布局自由灵活，有机形成集市街、居住街。清初朝廷为断绝沿海人民与郑成功军队的联系，下诏大规模迁界，沿海三十里地尽为弃土。至康熙二十二年（1683）清政府统一台湾后才全部复界。现港里村内保留的道路系统、空间格局以及几十座具有乡土特色的传统民居，清晰地反映出复界后福建沿海村落的建筑风貌。

3. 古建鉴赏

（1）宫庙

港里10个自然村都保存或在旧址上复建宫庙，共有16座，以祀妈祖的庙宇为主。较著名的有天后祖祠、灵慈东宫、灵慈西宫、福慧寺和五帝庙、昊曦宫。

贤良港天后祖祠在五代至宋时为林氏宗祠，宋代妈祖受朝廷褒封后并祀妈祖。明永乐十九年（1421）朝廷派内官整修祭祀，并褒封妈祖的父母。清康熙二十年（1681）重修，乾隆五十一年（1786）迁建于今址。1984年依清代旧制修复并扩建。占地面积615平方米，坐北朝南，由石牌坊、钟鼓楼、照壁、仪门、拜亭、主殿、后殿组成。主殿面阔三间，进深三间，供奉的妈祖为南宋传承至今的木雕软身妈祖神像，极有文物价值。后殿供奉林氏列祖、妈祖父母及兄姐。祖祠飞檐翘角，屋顶灰塑精巧生动，彩画色彩鲜艳亮丽，红砖红瓦，彰显莆田当地建筑风格。殿前照壁有明刑部尚书林俊撰写的《族范》全文，大门两侧为清初抱鼓石，祖祠内还保存有清代“奉旨春秋谕祭”牌、《重建天后祠记》碑、“历代褒封徽号”碑和乾隆《敕封天后志》等文物。

灵慈东宫因元代再次褒封妈祖并赐额“灵慈”，宫地处古码头的东侧，故名。始建于南宋，清末重建，1980年重修，祀妈祖。占地面积297平方米，坐东南向西北，由前殿、拜亭、两旁天井和后殿组成。前后殿均面阔三开间，进深三开间，以甬道连接，形成“工”字形建筑布局。大门“凹斗” 形为本地乡土建筑的典型特点。大门两侧一对瓜楞形莲础石柱，为宋代遗构。

灵慈西宫始建于宋代，元代毁，清代及1981年重建，主祀妈祖。占地面积688平方米，坐东北向西南，保持清代风格，为三进三开间布局。前殿进深二间，后殿进深三间。中有拜亭，左右为天井。宫内神龛、斗拱、垂柱等部位木雕精细，镏金沥粉。门前石雕双狮灵动，正立面墙上大理石雕刻贴面题材丰富，石雕盘龙双柱栩栩如生。屋顶使用嵌瓷、灰塑等装饰形式，造型逼真生动。宫内保存清雍正四年（1726）“神昭海表”匾。

五帝庙和福慧寺是一座佛道合一的建筑。五帝庙始建于后周，与后座建于清康熙年间的福慧寺连成一体，五帝庙中保存一对宋代的瓜楞形莲础石柱。

昊曦宫原系元代建筑，清复界后重修，主祀妈祖，配祀唐代兴修水利的先贤吴兴等。二进三开间布局，细部装饰讲究，色彩鲜艳，尽显当地信徒的虔诚。

（2）古码头

港里古码头东起灵慈东宫前，西至港尾（流通角），全长约350米，原高约3米，宽1~3米，块石构砌。1971年重修，并增高至5米。港里码头是古代湄洲湾通往外海的唯一码头，清初迁界时码头荒废，复界后成为陆地往返湄洲岛的渡口。1974年文甲码头建成后，该码头废弃不用。

（3）民居

港里的民居基本上都是清复界以后的建筑，房屋的朝向以面海为主。因山高坡陡，基地进深较浅，无法建成多进院落，多为三合院式的单体建筑。因用地不易得，多为二层楼房，也有三层楼房。为防台风，屋面用砖石压瓦，或用筒瓦压顶，少出檐，不出檐，以女儿墙压檐或密封檐口。外墙体多为生土墙，经济较殷实的人家也采用红砖墙或石墙。

港里村是妈祖信仰文化之村，所保留的非物质文化遗产和建筑文化遗产具有很高的价值。

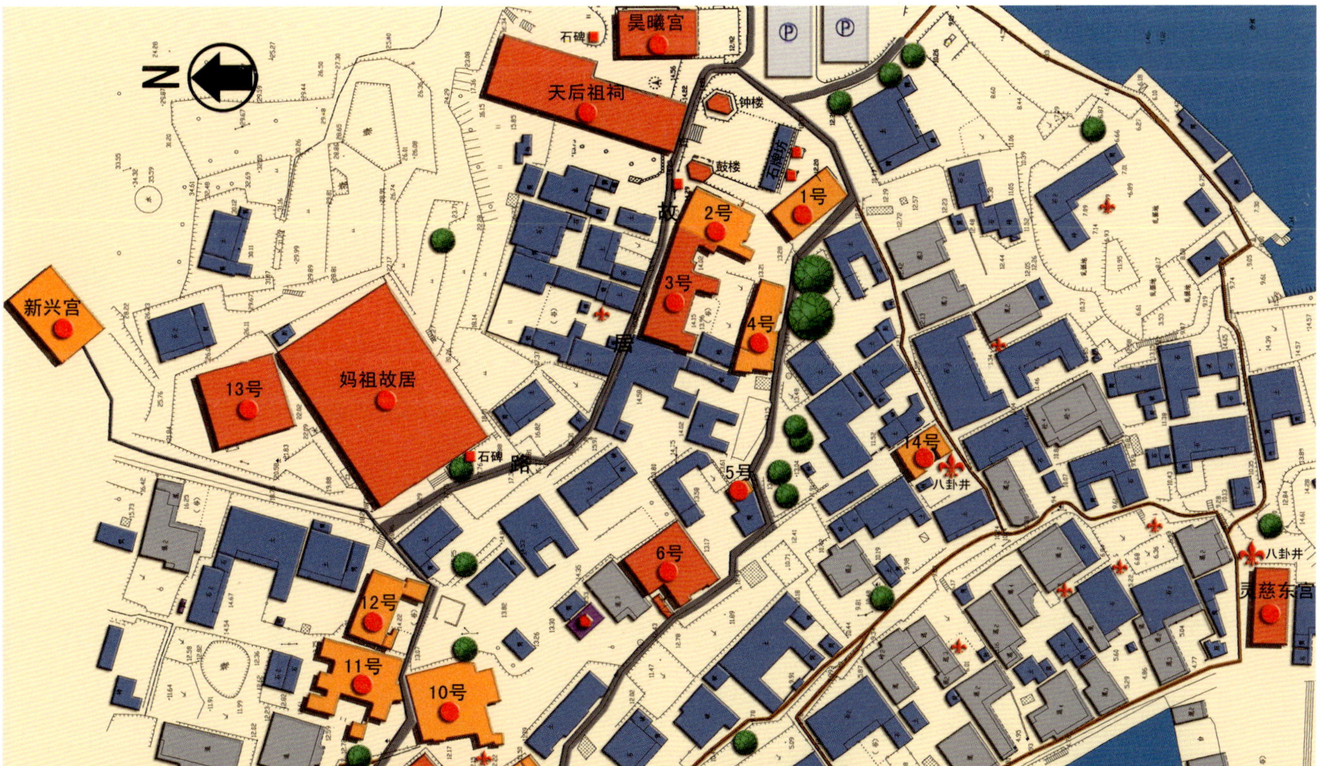

⊙总体布局

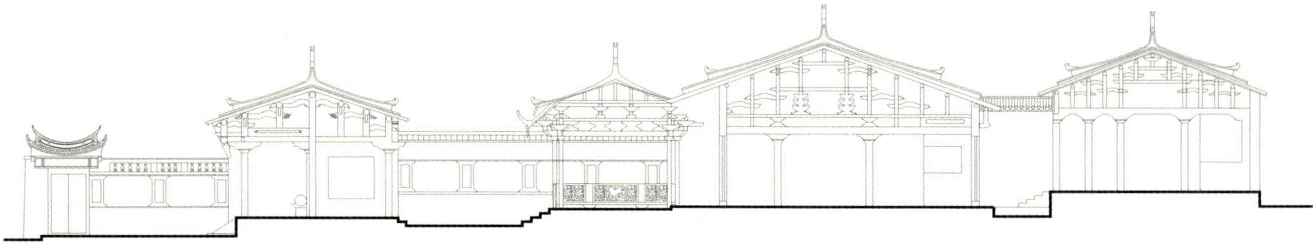

天后祖祠—剖面

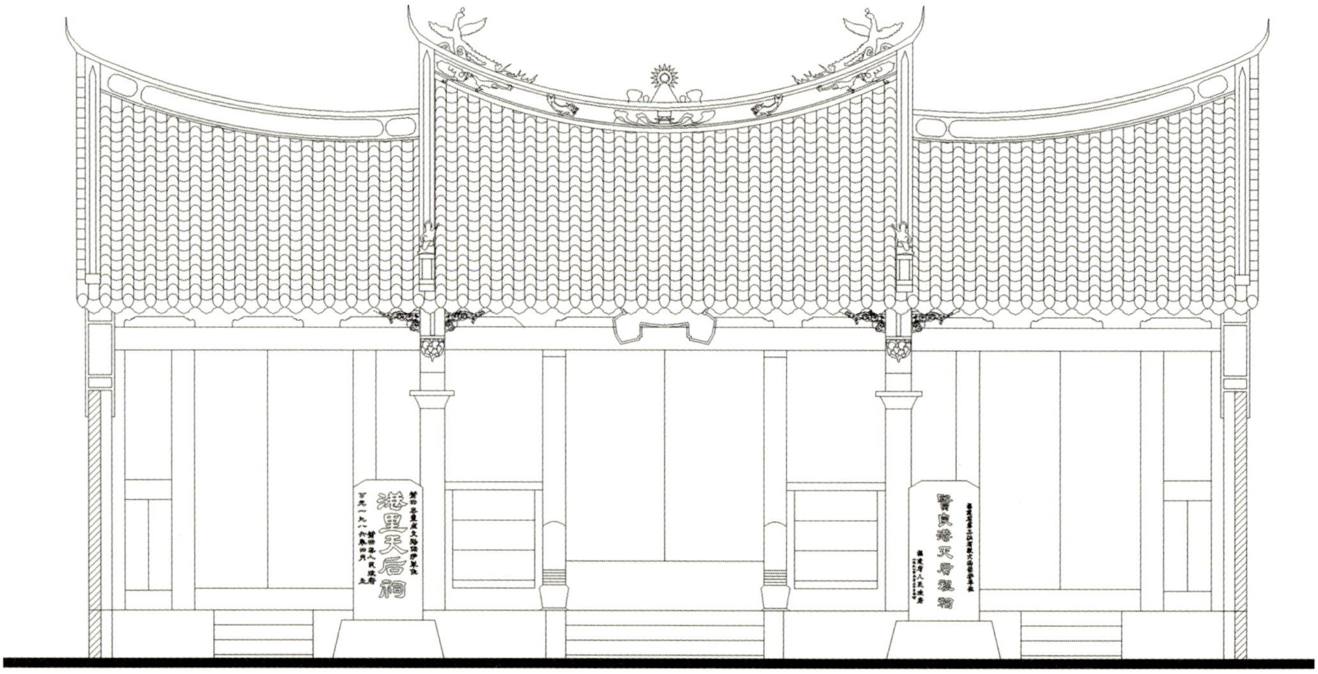

天后祖祠—立面

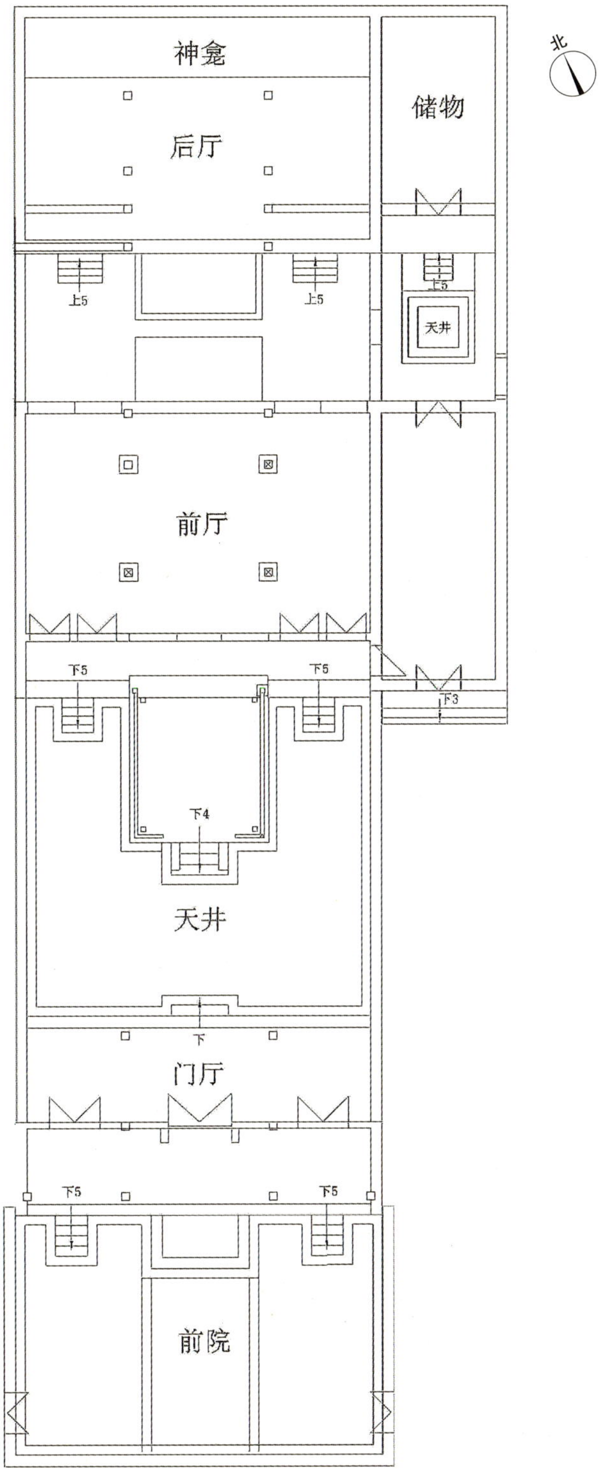

天后祖祠—平面

妈祖像

⊙港里村宋代航标石塔

⊙航标石塔近景

港里村依山面海

“三柱香”礁石

宋代古井

⊙港里妈祖故居重建

⊙妈祖故居内景

⊙妈祖故居内景

妈祖故居鸟瞰

妈祖故居内景

贤良港天后祖祠钟鼓楼

天后祖祠

天后祖祠

海天一色

天后祖祠

港里灵慈东宫

灵慈东宫外景

灵慈东宫内景

⊙港里灵慈西宫

⊙灵慈西宫

⊙灵慈东宫

⊙精美的木雕

⊙精美的木雕

⊙港里福慧寺

⊙港里昊曦宫

⊙港里民居

⊙土地庙

主要参考文献

1. 戴志坚．福建民居[M]．北京：中国建筑工业出版社，2009.
2. 郑国珍主编．中国文物地图集・福建分册[M]．福州：福建省地图出版社，2007.
3. 林爱枝主编．福建历史文化名镇名村[M]．福州：福建人民出版社，2008.
4. 赵昭炳主编．福建省地理[M]．福州：福建人民出版社，1993.
5. 吕良弼，陈奎主编．福建民族民间传统文化[M]．福州：福建人民出版社，2008.
6. 何绵山．闽文化概论[M]．北京：北京大学出版社，1996.
7. 戴志坚，陈琦．福建古建筑[M]．北京：中国建筑工业出版社，2015.

附录

福建省历史文化名村（镇）、传统村落名单

序号	名　称	地　点	文保级别
1	林浦村	福州市仓山区城门镇	●
2	阳岐村	福州市仓山区盖山镇	●
3	螺洲镇	福州市仓山区	●
4	山利村	福州市福清市龙田镇	●
5	大山村食菜厝村	福州市福清市南岭镇	●
6	东山村	福州市福清市一都镇	●
7	透堡镇	福州市连江县	●
8	定海村	福州市连江县筱埕镇	●
9	塔里洋村	福州市罗源县飞竹镇	●
10	岭兜村	福州市罗源县中房镇	●
11	深坑村	福州市罗源县中房镇	●
12	闽安村	福州市马尾区亭江镇	●●●
13	白沙镇	福州市闽侯县	●
14	南屿镇	福州市高新区	●
15	青口镇	福州市闽侯县	●
16	新壶村	福州市闽清县坂东镇	●
17	桥东村	福州市闽清县梅溪镇	●
18	东坑村	福州市永泰县赤锡乡	●
19	山寨村	福州市永泰县洑口乡	●
20	紫山村	福州市永泰县洑口乡	●
21	盖洋村	福州市永泰县盖洋乡	●
22	长坑村	福州市永泰县岭路乡	●
23	嵩口镇	福州市永泰县	●●
24	道南村	福州市永泰县嵩口镇	●
25	芦洋村	福州市永泰县嵩口镇	●
26	溪口村	福州市永泰县嵩口镇	●
27	月阙村	福州市永泰县嵩口镇	●
28	月洲村	福州市永泰县嵩口镇	●
29	中山村	福州市永泰县嵩口镇	●
30	椿阳村	福州市永泰县梧桐镇	●

序号	名　称	地　点	文保级别
31	琴江村	福州市长乐区航城街道	●●●
32	三溪村	福州市长乐区江田镇	●
33	二刘村	福州市长乐区潭头镇	●
34	璧洲村	龙岩市连城县莒溪镇	●●
35	芷溪村	龙岩市连城县庙前镇	●●●
36	白石村	龙岩市连城县曲溪乡	●
37	四堡镇	龙岩市连城县	●●
38	务阁村	龙岩市连城县四堡镇	●●
39	中南村	龙岩市连城县四堡镇	●
40	新泉镇	龙岩市连城县	●
41	培田村	龙岩市连城县宣和乡	●●●●
42	才溪镇	龙岩市上杭县	●
43	古田镇	龙岩市上杭县	●●
44	院田村	龙岩市上杭县太拔镇	●
45	罗溪村	龙岩市上杭县中都镇	●
46	田背村	龙岩市上杭县中都镇	●
47	兴坊村	龙岩市上杭县中都镇	●
48	灵岩村	龙岩市武平县岩前镇	●
49	中山镇	龙岩市武平县	●●
50	适中镇	龙岩市新罗区	●
51	中心村	龙岩市新罗区适中镇	●●
52	梅村村	龙岩市新罗区万安镇	●
53	竹贯村	龙岩市新罗区万安镇	●●●
54	岩太村	龙岩市永定区陈东乡	●
55	社前村	龙岩市永定区抚市镇	●
56	西陂村	龙岩市永定区高陂镇	●●
57	高北村	龙岩市永定区高头乡	●●
58	大德村	龙岩市永定区古竹乡	●
59	上山村	龙岩市永定区洪山乡	●●
60	湖坑镇	龙岩市永定区	●●●
61	洪坑村	龙岩市永定区湖坑镇	●●
62	南江村	龙岩市永定区湖坑镇	●
63	实佳村	龙岩市永定区湖坑镇	●
64	西田村	龙岩市永定区金砂乡	●
65	下洋镇	龙岩市永定区	●●
66	初溪村	龙岩市永定区下洋镇	●●●
67	中川村	龙岩市永定区下洋镇	●
68	香寮村	龙岩市漳平市赤水镇	●
69	营仑村	龙岩市漳平市南洋镇	●
70	双洋镇	龙岩市漳平市	●
71	城内村	龙岩市漳平市双洋镇	●
72	东洋村	龙岩市漳平市双洋镇	●●
73	丁黄村	龙岩市长汀县古城镇	●●
74	坪埔村	龙岩市长汀县馆前镇	●
75	苏竹村	龙岩市长汀县红山乡	●
76	中复村	龙岩市长汀县南山镇	●●●
77	三洲村	龙岩市长汀县三洲镇	●●
78	汤屋村	龙岩市长汀县四都镇	●●
79	彭坊村	龙岩市长汀县童坊镇	●
80	水头村	龙岩市长汀县濯田镇	●
81	崇仁村	南平市光泽县崇仁乡	●
82	亲睦村	南平市光泽县止马镇	●
83	郑魏村	南平市建瓯市迪口镇	●
84	裴桥村	南平市建瓯市东峰镇	●

序号	名　称	地　点	文保级别
85	党城村	南平市建瓯市东游镇	●●
86	阳泽村	南平市建瓯市小桥镇	●
87	伍石村	南平市建瓯市徐墩镇	●
88	后畲村	南平市建阳区崇雒乡	●●
89	长埂村小源	南平市建阳区莒口镇	●
90	观前村	南平市浦城县水北街镇	●●
91	横坑村	南平市邵武市桂林乡	●
92	和平镇	南平市邵武市	●●
93	和平村	南平市邵武市和平镇	●
94	坎头村	南平市邵武市和平镇	●
95	金坑村	南平市邵武市金坑乡	●●
96	上湖村	南平市顺昌县大干镇	●●
97	土垄村	南平市顺昌县大干镇	●
98	洋坑村	南平市顺昌县洋墩乡	●
99	元坑镇	南平市顺昌县	●●
100	槎溪村	南平市顺昌县元坑镇	●
101	茶景村	南平市武夷山市上梅乡	●
102	上梅村	南平市武夷山市上梅乡	●
103	红园村下山村	南平市武夷山市吴屯乡	●
104	五夫镇	南平市武夷山市	●●
105	下梅村	南平市武夷山市武夷街道	●●●
106	城村	南平市武夷山市兴田镇	●●●●
107	村头村	南平市延平区巨口乡	●
108	宝珠村	南平市延平区茫荡镇	●
109	大坝—凤池村	南平市延平区南山镇	●
110	峡阳镇	南平市延平区	●
111	江汜村	南平市延平区峡阳镇	●
112	峡阳村	南平市延平区峡阳镇	●
113	剧头村	南平市延平区樟湖镇	●
114	赤溪村	南平市政和县澄源乡	●
115	前村村	南平市政和县澄源乡	●
116	上榅洋村	南平市政和县澄源乡	●
117	锦屏村	南平市政和县岭腰乡	●●
118	九蓬村	南平市政和县星溪乡	●
119	坂头村	南平市政和县杨源乡	●●
120	洞宫村	南平市政和县杨源乡	●
121	禾洋村	南平市政和县杨源乡	●
122	杨源村	南平市政和县杨源乡	●
123	镇前村	南平市政和县镇前镇	●
124	泰康村	宁德市福安市赛岐镇	●
125	佳浆村	宁德市福安市上白石镇	●
126	坦洋村	宁德市福安市社口镇	●●
127	龙井坑村	宁德市福安市潭头镇	●
128	南岩村	宁德市福安市潭头镇	●
129	棠溪村	宁德市福安市潭头镇	●
130	楼下村	宁德市福安市溪柄镇	●●●
131	廉村	宁德市福安市溪潭镇	●●●
132	晓阳村	宁德市福安市晓阳镇	●
133	仙蒲村	宁德市福鼎市磻溪镇	●●●
134	巽城村	宁德市福鼎市店下镇	●●
135	西昆村	宁德市福鼎市管阳镇	●●
136	激城村	宁德市福鼎市太姥山镇	●
137	桃溪村	宁德市古田县城东街道	●●
138	瑞岩村	宁德市古田县大桥镇	●

序号	名　称	地　点	文保级别
139	凤亭村	宁德市古田县黄田镇	●(褐)
140	长洋村	宁德市古田县吉巷乡	●(红)●(褐)
141	富达村	宁德市古田县平湖镇	●(红)
142	杉洋镇	宁德市古田县	●(浅褐)●(褐)
143	白溪村	宁德市古田县杉洋镇	●(红)●(褐)
144	岭里村	宁德市古田县杉洋镇	●(红)●(褐)
145	杉洋村	宁德市古田县杉洋镇	●(红)
146	前洋村	宁德市古田县卓洋乡	●(红)●(褐)
147	猴盾村	宁德市蕉城区八都镇	●(红)
148	闽坑村	宁德市蕉城区八都镇	●(红)
149	洋头村	宁德市蕉城区八都镇	●(红)
150	赤溪镇	宁德市蕉城区	●(褐)
151	赤溪村	宁德市蕉城区赤溪镇	●(红)
152	官岭村	宁德市蕉城区赤溪镇	●(红)
153	桃源村	宁德市蕉城区赤溪镇	●(红)
154	夏村村	宁德市蕉城区赤溪镇	●(红)
155	吴峰村	宁德市蕉城区洪口乡	●(红)
156	黄家村	宁德市蕉城区虎贝乡	●(褐)
157	梅鹤村	宁德市蕉城区虎贝乡	●(红)
158	文峰村	宁德市蕉城区虎贝乡	●(红)
159	霍童镇	宁德市蕉城区	●(浅褐)●(褐)
160	石桥村	宁德市蕉城区霍童镇	●(红)●(褐)
161	外表村	宁德市蕉城区霍童镇	●(红)
162	邑坂村	宁德市蕉城区霍童镇	●(红)
163	后溪村	宁德市蕉城区金涵乡	●(红)
164	贵村村	宁德市蕉城区九都镇	●(红)
165	七都镇	宁德市蕉城区	●(褐)
166	三都镇	宁德市蕉城区	●(褐)
167	斗帽村	宁德市蕉城区三都镇	●(红)
168	松歧村	宁德市蕉城区三都镇	●(红)
169	洋中镇	宁德市蕉城区	●(褐)
170	代都村	宁德市蕉城区洋中镇	●(红)
171	东山村	宁德市蕉城区洋中镇	●(红)
172	北乾村	宁德市屏南县代溪镇	●(红)
173	忠洋村	宁德市屏南县代溪镇	●(红)
174	漈下村	宁德市屏南县甘棠乡	●(红)●(浅褐)●(褐)
175	岭下村	宁德市屏南县岭下乡	●(红)●(青)
176	芳院村	宁德市屏南县路下乡	●(红)
177	后龙村	宁德市屏南县屏城乡	●(红)
178	厦地村	宁德市屏南县屏城乡	●(红)
179	降龙村	宁德市屏南县寿山乡	●(红)
180	寿山村	宁德市屏南县寿山乡	●(红)
181	双溪镇	宁德市屏南县	●(浅褐)●(褐)
182	北村村	宁德市屏南县双溪镇	●(红)
183	双溪社区	宁德市屏南县双溪镇	●(红)
184	漈头村	宁德市屏南县棠口镇	●(红)●(浅褐)●(褐)●(青)
185	棠口村	宁德市屏南县棠口镇	●(红)●(褐)●(青)
186	柏源村	宁德市屏南县长桥镇	●(红)
187	长桥村	宁德市屏南县长桥镇	●(红)●(青)
188	西浦村	宁德市寿宁县犀溪镇	●(红)●(褐)
189	碑坑村	宁德市寿宁县下党乡	●(红)
190	下党村	宁德市寿宁县下党乡	●(红)●(褐)
191	斜滩镇	宁德市寿宁县	●(褐)
192	上水村	宁德市霞浦县崇儒畲族乡	●(红)

序号	名　称	地　点	文保级别
193	半月里村	宁德市霞浦县溪南镇	●●●
194	上黄柏村	宁德市柘荣县黄柏乡	●
195	桃坑村	宁德市周宁县纯池镇	●
196	陈峭村	宁德市周宁县礼门乡	●
197	浦源村	宁德市周宁县浦源镇	●●●
198	咸村镇	宁德市周宁县	●
199	川中村	宁德市周宁县咸村镇	●●
200	王宿村	宁德市周宁县咸村镇	●
201	洋中村	宁德市周宁县咸村镇	●
202	青观顶村	平潭综合实验区平潭县敖东镇	●
203	白沙村	平潭综合实验区平潭县白青乡	●
204	东美村	平潭综合实验区平潭县流水镇	●
205	山门村	平潭综合实验区平潭县流水镇	●
206	斗魁村	平潭综合实验区平潭县苏澳镇	●
207	洋尾村	莆田市涵江区白塘镇	●
208	港里村	莆田市湄洲湾北岸管委会山亭镇	●
209	前连村	莆田市仙游县盖尾镇	●
210	济川村	莆田市仙游县石苍乡	●●●
211	湖头镇	泉州市安溪县	●●
212	佛岭村	泉州市德化县国宝乡	●
213	碧坑村	泉州市德化县龙门滩镇	●
214	霞山村	泉州市德化县龙门滩镇	●
215	桥内村	泉州市德化县三班镇	●
216	三班村	泉州市德化县三班镇	●
217	泗滨村	泉州市德化县三班镇	●
218	上涌镇	泉州市德化县	●
219	曾坂村	泉州市德化县上涌镇	●
220	水口镇	泉州市德化县	●
221	崇武镇	泉州市惠安县	●
222	安海镇	泉州市晋江市	●●
223	福全村	泉州市晋江市金井镇	●●
224	塘东村	泉州市晋江市金井镇	●
225	灵水社区	泉州市晋江市灵源街道	●
226	福林村	泉州市晋江市龙湖镇	●●
227	南浔村	泉州市晋江市龙湖镇	●
228	梧林社区	泉州市晋江市新塘街道	●
229	丰州镇	泉州市南安市	●
230	漳州寮村	泉州市南安市官桥镇	●●
231	观山村	泉州市南安市眉山乡	●
232	石井镇	泉州市南安市	●
233	土坑村	泉州市泉港区后龙镇	●●●
234	樟脚村	泉州市泉港区涂岭镇	●
235	永宁镇	泉州市石狮市	●
236	岵山镇	泉州市永春县	●
237	茂霞村	泉州市永春县岵山镇	●
238	铺上村	泉州市永春县岵山镇	●
239	铺下村	泉州市永春县岵山镇	●
240	塘溪村	泉州市永春县岵山镇	●
241	西安村	泉州市永春县五里街镇	●
242	万宅村	三明市大田县广平镇	●
243	杞溪村	三明市大田县华兴乡	●●
244	济阳村	三明市大田县济阳乡	●●
245	建国村	三明市大田县建设镇	●
246	香坪村	三明市大田县梅山镇	●

序号	名　称	地　点	文保级别
247	许坑村	三明市大田县屏山乡	●
248	东坂村	三明市大田县桃源镇	●●
249	张坑村	三明市大田县吴山乡	●
250	上坪村	三明市建宁县溪源乡	●●
251	肖坊村	三明市将乐县大源乡	●
252	良地村	三明市将乐县万全乡	●●●
253	翠竹洋村	三明市明溪县城关乡	●
254	肖家山村	三明市明溪县胡坊镇	●
255	苎畲村	三明市明溪县夏坊乡	●
256	御帘村	三明市明溪县夏阳乡	●●
257	下曹村	三明市宁化县曹坊乡	●
258	延祥村	三明市宁化县泉上镇	●
259	石壁镇	三明市宁化县	●●
260	赖坊镇	三明市清流县	●
261	赖安村	三明市清流县赖坊镇	●●
262	龙泉村龙安自然村	三明市三元区莘口镇	●
263	忠山村	三明市三元区岩前镇	●●●
264	水美村	三明市沙县凤岗街道	●
265	大源村	三明市泰宁县新桥乡	●●
266	贡川镇	三明市永安市	●
267	洋峰村	三明市永安市贡川镇	●
268	洋头村	三明市永安市槐南镇	●●
269	吉山乡	三明市永安市	●
270	沧海畲族村	三明市永安市青水乡	●
271	福庄村	三明市永安市西洋镇	●
272	八一村	三明市永安市小陶镇	●
273	石丰村	三明市永安市小陶镇	●
274	新西村	三明市永安市小陶镇	●
275	吉山村	三明市永安市燕西街道	●
276	盖竹村	三明市尤溪县台溪乡	●
277	书京村	三明市尤溪县台溪乡	●●
278	黄林村豪峰自然村	三明市尤溪县汤川乡	●
279	厚丰村	三明市尤溪县西滨镇	●
280	新坑村	三明市尤溪县西城镇	●
281	双鲤村	三明市尤溪县新阳镇	●
282	浮洋村武洋自然村	三明市尤溪县洋中镇	●
283	桂峰村	三明市尤溪县洋中镇	●●●
284	铜陵镇	漳州市东山县	●●
285	梧龙村	漳州市东山县西埔镇	●
286	古港村	漳州市东山县樟塘镇	●
287	福田村	漳州市华安县马坑镇	●
288	和春村	漳州市华安县马坑镇	●●
289	埭尾村	漳州市龙海市东园镇	●●●
290	城内社村	漳州市龙海市港尾镇	●●
291	湘桥村	漳州市龙文区蓝田镇	●
292	上洋村	漳州市南靖县奎洋镇	●●
293	梅林镇	漳州市南靖县	●
294	河坑村	漳州市南靖县书洋镇	●●●
295	南欧村	漳州市南靖县书洋镇	●
296	石桥村	漳州市南靖县书洋镇	●●
297	塔下村	漳州市南靖县书洋镇	●●●
298	田螺坑村	漳州市南靖县书洋镇	●●●
299	下版寮村	漳州市南靖县书洋镇	●
300	庄上村	漳州市平和县大溪镇	●●

序号	名　称	地　点	文保级别
301	九峰镇	漳州市平和县	●●
302	芦丰村	漳州市平和县芦溪镇	●
303	钟腾村	漳州市平和县霞寨镇	●●
304	福塘村	漳州市平和县秀峰乡	●●
305	洪坑村	漳州市芗城区天宝镇	●
306	火田镇	漳州市云霄县	●
307	菜埔村	漳州市云霄县火田镇	●●
308	西林村	漳州市云霄县火田镇	●
309	阳下村	漳州市云霄县莆美镇	●
310	轧内村	漳州市漳浦县佛昙镇	●
311	城内村	漳州市漳浦县湖西乡	●●
312	赵家城村	漳州市漳浦县湖西乡	●
313	石牛尾村	漳州市漳浦县旧镇镇	●
314	林溪村	漳州市长泰县枋洋镇	●
315	山重村	漳州市长泰县马洋溪生态旅游区	●
316	珪后村	漳州市长泰县岩溪镇	●●
317	湖内村	漳州市诏安县金星乡	●
318	西沈—西浒村	漳州市诏安县桥东镇	●
319	山河村	漳州市诏安县西潭镇	●●

注：

● 国家级传统村落

● 福建省历史文化名村（镇）

● 中国历史文化名村（镇）

● 国家级文物保护单位

图书在版编目（CIP）数据
中华古村落·福建卷 / 戴志坚著. -- 南京：江苏凤凰教育出版社, 2016.6
ISBN 978-7-5499-5878-8
Ⅰ.①中… Ⅱ.①戴… Ⅲ.①村落－介绍－福建省 Ⅳ.①K928.5
中国版本图书馆CIP数据核字(2016)第144922号

书　　名　中华古村落·福建卷
作　　者　戴志坚
责任编辑　朱　念　陈彦理
装帧设计　周　晨
出版发行　江苏凤凰教育出版社（南京市湖南路1号A楼　邮编 210009）
苏教网址　http://www.1088.com.cn
照　　排　南京新华丰制版有限公司
印　　刷　上海雅昌艺术印刷有限公司
厂　　址　上海市嘉定区嘉罗公路1022号
开　　本　889mm×1194mm　1/16
印　　张　22.875
版　　次　2018年11月第1版　　2018年11月第1次印刷
书　　号　ISBN 978-7-5499-5878-8
定　　价　460.00元
网店地址　http://jsfhjycbs.tmall.com
公 众 号　江苏凤凰教育出版社（微信号：jsfhjyfw）
邮购电话　025-85406265,025-85400774,短信 02585420909
盗版举报　025-83658579